照護的本質

人性照護法創始人對照護的思索及實踐

「ユマニチュード」という革命

なぜ、このケアで認知症高齢者と心が通うのか

Humanitude

Yves Gineste　Rosette Marescotti
伊凡·傑內斯特　蘿賽特·馬雷史考特——著
本田美和子——日語監修　黃姿頤——譯

前言

我曾在二〇一四年二月拜訪過一家位於北關東[1]的照護機構。在那裡，我遇到一位男性高齡者，他早在十二年前就被診斷為失智症，而且在兩年前腳骨折後，就一直長期臥床，照護機構人員已經兩年沒見過他站立的模樣。

我慢慢走向坐在輪椅的他，彎腰蹲下與他視線相對，並且向他伸出手，以日文向他問候：「您好，我是伊凡。」

他微笑回應。我正面注視著他，並建議他站起來。「從那裡可以清楚看到外面喔！天氣滿好的，要不要試著走到那兒？」

我並沒有強行將他拉起，而是先輕輕觸摸他的手臂，在尊重他個人意願的前提下，從下方支撐他的行動，而不是緊緊抓住他。在確認已穩定支撐後，慢慢移動他的重心。他很自然地站起來，邁開腳步前進，彷彿這是他每天的例行散步一般。

1 北關東，即日本關東地區北部的幾個縣，一般包括茨城縣、栃木縣、群馬縣，有時候也包括琦玉縣。

這位男性高齡者發出驚訝的聲音，接著，另一個更大的驚呼聲傳來，那是在後方陪伴的一名女性照服員，她開始掩面哭泣。

「一、二、一、二」，這名男性配合我喊出的節奏聲邁開腳步前進，神情相當自豪。

最後，他比著勝利手勢目送我離開。我只不過和他相處了二十分鐘，就發生這副令人驚呼連連的景象。

這就是人性照護法帶來的效果，接下來我想在書裡好好探討這名照服員流淚的含義。

人性照護法的原文（Humanitude）在法語中意味著「人性」。對日本人來說，這是較陌生的字眼。這個詞彙其實源自法國詩人艾梅．塞則爾（Aimé Césaire）提倡的概念：黑人意識（Négritude）。

塞則爾是從「黑奴」（Nègre）這個意指黑人奴隸的詞，創造出「黑人意識」一詞。「黑奴」原本是侮辱人的詞彙，但是由此衍生的黑人意識不但意味著「非洲特色、黑人特色」，也同時表示「黑人文化為人類帶來無限精彩」，蘊含值得令人驕傲的涵義。

此外，這個詞彙還有「找回非洲特色、黑人特色」的意思。塞則爾藉由創造「黑人意識」這個新詞，企圖讓黑人能夠意識到自我的尊嚴。

模仿塞則爾的概念，「人性照護法」一詞含有「找回人性」之意。我和蘿賽特一直持續共同推動並實踐這個哲學。

很多人或許無法理解人性照護法的理念。「我們本來就是人，為什麼需要找回人性？」

我們是人，都希望到死去都活得像人，愛人也被愛、像人一樣度過一生。每個人都抱著這樣的心願。

那麼，究竟什麼是人性？一個人必須為他人需要、被他人尊重，認可「你是人」「你是重要的」，才能獲得「人的身分」，才屬於人類社會。

但是，世界上有許多人無奈地走上艱苦的人生，事業失敗、無法為他人所愛、被暴力對待，迫使這些人墜入孤獨的深淵。

並且也不是只有這些人失去與社會的連結，無家可歸的人、身障者、高齡者和失智症患者也被迫躲在社會的角落，感覺「自己不被他人認同」。我認為他們被周圍孤立的狀態正是處於「失去人性連結的狀態」。

人性照護法是一種溝通的原則，不僅適合失智症患者和高齡者，也適合任何需要照護的人。此外，它也是實現這個溝通哲學所需的技巧。

這個照護法，是藉由人的特質「注視」「對話」「觸摸」「站立」，讓被照護者意識到「自己是人」。而且，這些特質可以讓我們和難以對話溝通的人，透過照護產生連結。

人性照護法在建立各種正向關係上，可以提供我們技術性的解決方法以及哲學性的闡釋。

透過實踐人性照護法，有時能讓看似會攻擊護理師和照服員的患者也願意接受照護，有時能讓不再說話的高齡失智者開口說話，有時能讓長期臥床的人再次站立。這些戲劇性的改變有時會讓人不由得讚嘆「就像是魔法」「有奇蹟降臨」。

但是人性照護法既不是魔法，更非奇蹟。

我們只不過是透過照護向對方傳達「你在這裡」「你的存在很重要」「誰也不

能否定你的存在」。

藉由我們的眼神、言語，還有雙手，讓對方覺得自己獨一無二，讓他們感到備受尊重。

人性照護法有一貫的哲學和實踐這項哲學的技巧，能持續向對方傳達「你和我有同樣的價值」。

基本上人類為了生存，必須要先有同伴，任何人都無法與他人失去連結獨自生存。生存在這個世界上最重要的事，就是與人產生連結。人性照護法的照護，可藉由認同對方或被對方認同，傳達出人是給彼此的贈禮。

好的照護，就是兩個自由人的相遇。為了這份自由，照護者必須拋下自己的恐懼。

我們會害怕表達自己真實的情感，害怕靠近對方。擔心自己是不是做錯了？別人是怎麼看我的？人會把自己囚禁在這些擔憂中，不讓自己自由。

我們要擺脫恐懼，獲得自由。

我們要擁抱所有的情感，表現慈愛。

人在不害羞、不糾結、不害怕的狀態下，表達的話語、展現的眼神都充滿力量。我們可以透過自己的態度在照護中持續讓對方知道，「你是獨一無二的人、你是自由的人」。如果被照護者和我們之間，在照護的瞬間有產生緊密的連結，對方就能感到「自己備受尊重」。

此時雙方會產生相互依賴的連結，會為自己的人生感到自豪，認為自己有價值，作為一個有自主性的人生活下去。

法國大革命是因為自由、平等、博愛的人權概念而產生。但是為了實現這個概念，我們還需進一步的革命。我們要擺脫恐懼、傳遞溫柔、接受溫柔，這就是「人性照護」的革命。

目次

第三章　當我們喪失權利時

第四章　照護者是什麼

第五章　迎向人性照護法

第一章

人性照護法誕生的前一夜

伊凡．傑內斯特和蘿賽特．馬雷史考特踏上的人性照護之旅

下面我要說一個故事，是關於我和蘿賽特以人性照護為開端所踏上的漫長旅程。

我和蘿賽特在照護工作期間，不斷思索溫柔這個主題，我們也都不約而同地認為人生自由至上。也可以說，我們的人生體驗都反映在人性照護法之中。我想，回顧個人的人生軌跡，也有助對於人性照護法的理解。因此，我就先來談談那些決定我人生的，關於愛的美好事物。

我在一九五三年出生於阿爾及利亞的瓦赫蘭。父親是高中教職人員，母親在婚前是軍中的無線電報員。在我出生三個月後，父母就移民摩洛哥，我也在這裡長大。

在法國舊殖民地長大的人被稱為「Pieds-noirs」，法文是「黑腳」的意思。我不清楚這個字眼的來源，但有一點很確定，和法國本地人相比，黑腳的生活方式較為

開放。例如我在外面玩，回家時即使帶了約十五位朋友，也不會被母親拒絕，這是很司空見慣的事。母親不但不會一臉厭煩，反而會依人數為我們烤蛋糕。如果母親不在家，隔壁的鄰居阿姨也一樣會為我們烤蛋糕。我從小就生長在對他人敞開心胸的環境中。

人生最寶貴的是什麼？

母親結婚後罹患了結核病，曾有兩年的時間在法國接受治療。在我五歲時，母親為了治療脊椎結核再次回到法國。即便在這段期間，母親仍會寫詩寄給父親和我們兄弟三人，父親也會每天寫信給母親。奇妙的是，雖然我對母親不在身邊的那數個月記憶很模糊，但是卻清楚記得母親回到摩洛哥家中的那天。摩洛哥的白天極為酷熱，為了遮陽甚至會將窗戶的百葉窗緊閉。在陰暗的房間中，母親溫柔地將我抱在腿上和我說話。當時我不自覺地問母親：

「媽咪，人生最寶貴的是什麼啊？」

母親這麼回答我：

「人生最寶貴的是愛啊！」

對他人敞開心胸，以及人生最寶貴的是愛，這兩件事深深烙印在我的腦海。

因為在這樣的環境下成長，我在七歲移居到南法時，感覺到人與人之間有一道道「高牆」。即便是普遍認為民風溫暖的南法，還是讓我有這種感覺。

例如放學時，大家都直接回家。就算我邀請同學：「要不要來我家？」他們也只會回我：「我得問我媽咪。」在同學的想法中，自己的行為必須獲得他人同意，這對我來說實在難以想像。從這個時期開始，我開始閱讀哲學書籍和文學著作。但是不論書籍給了我多少啟發，一切基礎都源自母親給我的愛。

成為體育學老師

我從小就擅長運動，但是討厭得一決勝負的比賽，我認為運動是為了開心。大學教授在了解我的想法後，建議我：「或許你比較適合當一名教授體育學的老師。」

雖然我也有學醫的念頭，不過為了當醫師得花上十年的時間。我想盡快進入社會，所以選擇當體育學老師。

自從到土魯斯（Toulouse）當老師後，我每週都到海邊教授潛水。某天在潛水社團遇見蘿賽特。她求學時也是想成為體育學老師，我們因為潛水認識了對方。

之後五年我們沒有特別聯繫，後來我和朋友度假時到海邊出遊又和她巧遇。因為這真的是緣分，所以我提議搭乘我的小船出航，三人一起度過愉快的假期。之後暑假結束，我們又各自回到自己的工作崗位。

研究改善護理師腰痛問題的技巧

一九七九年，出現了一個契機。學校的公布欄上貼了一則公告，有個負責生涯教育的單位要舉辦以護理師為對象的課程，需要招募體育學的講師，課程內容是如何為住院患者移位。這個單位受法國衛生局委託，要規畫一個預防護理師腰痛的課程。因為那個年代的護理師有六成都有腰痛問題，這也成了護理師離職的最大主因。

我對如何教授這項技巧很感興趣，立刻報名參加。不久後又接到了蘿賽特的電話，在談到這項招募計畫時她也很感興趣，所以也一起報名加入。

在法國，主修舉重的體育學講師曾經發展過讓工廠勞工能有效舉起並搬動重物，且不會感到痠痛的技巧。其中的一項原則就是，搬運重物時，除了要運用腰部和手臂的力氣，還要用到全身的力氣，不可以拱背。所以法國政府會想委託擁有這些技巧的講師，來改善護理師腰痛的問題。

我們在布列塔尼接受三天培訓後，被指派到醫院，開始為護理師上課。可惜的是，這個計畫中的技巧課程是安排在教室練習，而不是實際到病房以患者為對象進行實作。這一點讓這個培訓課程的學習不夠完整。

我和蘿賽特深深覺得課程的規劃必須更加務實。既然如此，我們何不設計出法國最佳的實作課呢？我們倆意氣相投，雙雙辭去體育學老師的工作，毅然決然開始設計針對護理師的訓練課程。

我們聘請物理治療師和醫師，設計了對應醫療和照護所有領域的實作課程，總共五十六個小時。之後我們接受醫院委託，為醫院的員工上課。半年後，我們又再邀請同一批學員接受兩天的培訓，並且評估這些技巧是否適用於實際現場。學員不只在教室上課，還在第一線以患者為對象進行實作，這種教育方式已經有了人性照護法課程的雛形。即使在今日，這依舊是一種少有的教學方法。

這個課程的編制十四人為一班。第一天，我們請學員用沉重的箱子學習搬動身體的方法，也上了與椎間盤突出相關的理論課程。第二天開始，我們將學員分為兩組，在有白板和床的教室，教導推輪椅等的實際技巧。然後我們前往學員服務的醫院，到醫院員工覺得最難照護的患者病房，在床邊實際進行操作。

例如非常肥胖的人、手腳極為攣縮的人，或是完全無力的人，有時候對象還有可能是遺體。這是因為當時護理師的工作還包括為遺體換裝，或是搬運遺體，安放至太平間的遺體櫃。

這就像只靠模擬學不會開車一樣，照護技巧只靠口頭講解和教室演練也無法充分說明。實際在床邊讓學員自行體驗，他們才能有所領悟。

因此，如果我們不了解醫療和照護的實際狀況，也無法向護理師提供建議。我們不是在教室學習而是在現場學習。多虧有這套體系，讓我們有機會得以進入醫院的各個部門。我們每週前往不同的醫院進行訓練，所以必須思考能因應各種疾病狀況的技巧。這段期間我們遇到了各個領域的人，能夠親身學習到各種不同的照護方法。

見到此景的人都驚呼「奇蹟」

我二十七歲的時候第一次實際照護患者。當時我健康又有活力，從未生過病，不僅如此，我甚至未曾踏進過醫院。在分成兩組的團隊中，蘿賽特帶領的一組負責高齡者的病房，我的團隊則負責內科病房。內科病房中有一名體重約九十公斤的男性躺在床上。過去曾有兩位護理師為了移動這位患者而導致腰痛。

這位患者因為腦血管病變而半身痲痺。護理師一掀開被子，發現他從頭到腳都沾附了糞便。當時，成人使用的紙尿布尚未問世，只能使用像嬰兒尿布般的布或是棉花，無法包住整個臀部，糞便很容易外漏。

從來沒有一個人和這名男性說話。或許是因為他都沒有任何回應，所以大家認為也不需要對話。因此他總是閉著眼睛躺著。

護理師分別站在病床兩側，讓這名男性側臥，開始擦拭他的身體。一邊擦拭乾淨後，再將他的身體轉向另一側擦拭。護理師們的動作俐落熟練。如果沒有相關的知識技巧，應該無法幫身體沾滿糞便的人更換床單，還將身體擦拭乾淨吧！護理學校會教授複雜細瑣的規則，像是戴著沐浴手套擦拭，用一公升的水為患者清潔身體等，這些是我完全不知道的技巧。我的角色是像在實作現場教授學員「請留意，這種一直拱著背的動作會讓你腰痛，所以請將背部打直、膝蓋微彎」。

十五分鐘後，擦澡工作結束，護理師要幫患者換上乾淨睡衣。這時必須讓患者坐在輪椅上，而護理師在上週為了將患者扶起已經扭傷了腰。

因此身為講師的我要示範動作給大家看。但是，我卻不知該從何著手，開始有些慌張失措。畢竟這是我人生第一次遇到病得如此重的患者。困窘的我來到他面前，向著他說：「可以麻煩您起身嗎？要坐到輪椅上囉。」這時，他突然眼睛睜開，抓住我伸出的手，起身坐到床沿。我拉著他的手，請他抓住我彎下的身體，就這樣成功地幫他身體移位，讓他坐到了輪椅上。

所有護理師看到這個景象都不自覺地驚呼：「這是奇蹟啊！」在此之前，護理師無論做任何事這位患者都毫無反應，更未曾配合。然而我們僅僅見面二十分鐘，他卻能自行起身。

事實上，護理師從未要求他「請您移動一下」。就是因為沒有人這麼做過，所以他也不會配合。換句話說，護理師腰痛的原因，是獨自奮力移動一名幾乎可自行坐上輪椅的患者。護理師視為「問題」之處未必就是問題，但經過這麼久的時間，大家才發覺癥結點在這個地方。我當下的疑問是「為什麼要躺在床上擦澡？」護理師的回覆是，三十多年來大家都是這麼做。

「因為學校就是這樣教的啊！」

在床上為患者擦澡是相當累人的事，更何況要用一公升的水把沾滿糞便的身體擦拭乾淨，更是難上加難。如果患者可以自行坐上輪椅，護理師就能將患者推至浴室清洗，五分鐘就能清洗乾淨。這應該是更簡單易行的方法。我在工作結束後和蘿賽特熱烈討論著這件事。

儘管那時我和蘿賽特對照護患者的手法一無所知，但是若有人在照護現場遇到困難找我們諮詢，我們都能針對狀況提出不錯的解決辦法。雖然，當時我們還沒確立一套成熟的照護技巧，但是一旦有我們參與，有許多患者都能夠站起身來，長年不說話的人也都會開口說話。雖然我們不知道確切原因，但我們在想，會不會是我們對患者做了什麼特別的事、賦予了什麼不一樣的條件。

有一種叫做「畢馬龍效應」（Pygmalion Effect）的理論，意思是說人在被期待時，會按照這個期待來表現。我們向對方說：「請站起來。」時，我和蘿賽特關注的不是這個人的疾病，而是這個人本身，也就是說，我們說話的對象是這個人的人生和生命。

在臨終安養院中難以忘懷的情景

我並不是一開始就能達成理想中的照護，在我剛開始工作的那幾年，幾乎天天目睹可怕場景，夜夜哭泣。

一九八〇年代，我們兩人都在臨終安養院工作。當時法國將長期居住型的老人養護機構稱為臨終安養院。

對於堅持個人主義的法國人來說，要接受多人合宿的房間是天大的難事。但是當時臨終安養院的房間八人到四十人合宿是一般的認知。我甚至看過容納八十三人的房間。這些病患長期臥床，不曾下床。請大家想像看看，一個人長達十年只能躺在合宿房間裡，望著天花板生活的樣子。這些人不說話，也一動也不動。

早上一踏入房間，就聞到屎尿味臭氣薰天，彷彿走進的是一間超大公廁而不是醫院。晚上僅由一位護理師值班，負責照顧一百五十位高齡者。

我前面曾提到，當時成人尿布尚未問世，是以棉花替代。在臨終安養院裡，患者失禁是稀鬆平常的事。患者身體沾滿屎尿，卻只用一桶一公升的水擦澡，因為這是行之有年的規矩。患者也從來沒有下過床。

臥床長達五年、十年的人不在少數，我每天早上都會一一將每個人扶起並翻身。這是因為一九七〇年代就已經有人指出，長期仰躺不動對患者相當危險。因為這些研究，大家才知道長期仰躺除了會讓患者產生褥瘡（壓瘡），還會造成心臟的負擔。

護理師每天都按在學校學習的方法處理褥瘡。當時護理學校教導的處理方法是將壞死的組織清除，而且不用麻醉，原因竟是「肉已經壞死，所以患者不會覺得痛」。而且學校還教大家「要將壞死組織清除乾淨，就算稍微見血都沒關係，因為患者不會痛」。真是令人驚恐的錯誤認知。

褥瘡要恢復必須要等肉芽組織長出，如果割到見血，會連肉芽都割除。我就曾經見過有患者由於護理師每天都割除肉芽，臀部不再有肉，甚至可以看到骨頭。這不是因為發炎，而是由於護理師滿腔熱血、認真工作導致的結果。

大家對於褥瘡有些錯誤的認知。我在剛開始工作時，曾有醫師和護理師曾向我說「褥瘡是因為壓力所導致」，也的確是如此。假設，有人將手掌放在你的肩上，以十公斤的力道按壓，你應該不會覺得特別痛。

但是如果是使用鉛筆，以相同的力道施壓，你就會感覺疼痛。與這個道理相同，如果重量集中在如腳跟般極小的面積加壓，就會造成褥瘡。此外，像臀部這種頗具重量的部位，薦骨周圍很容易發生褥瘡。

各國針對褥瘡嚴重的程度有不同的分級。大致上分為第一級皮膚變紅、第二級皮膚開始受損、第三級損傷至皮下組織造成傷口、第四級是傷口深至見骨，肌肉被破壞。

這些分級應該只是說明褥瘡嚴重的程度，但不知為何大家都視之為是褥瘡發生的順序，並且深信不疑，真是大錯特錯。

打個比方，人仰躺時的狀態就像是在墊子上放一塊牛排，用鳥骨從上方施壓。這種情況下，牛排的傷口會產生在哪一個部位？答案是用鳥骨頭加壓的部分，而不是和墊子接觸的部位。同理，這表示傷口是由內而外產生。換句話說就是，褥瘡是從身體內側開始往表層皮膚發展。

看到患者皮膚有損傷時，大部分的人會說「開始有褥瘡了」。這是錯誤的，這已經是最後階段。皮膚出現損傷是表示治療延誤了。我和蘿賽特都未曾學過專業的醫學知識。但是從生物力學、解剖學和身體結構的觀點來思考，這一點一目瞭然。我們並不是想批判護理師或醫師，我們想表達的是，任何人都可能因為擁有專業知識和技能，而陷入停止思考的陷阱。

我們曾犯下的無數過錯

在臨終安養院，我和蘿賽特負責教授新技巧。某天我們接到諮詢，希望我們教導「清除褥瘡時不讓患者亂動的方法」。因為握著手術刀，只要稍稍偏移就會割到患者的皮膚，照護者希望患者不要亂動，但是患者會因為疼痛而身體不停扭動。光只這一點就知道這對患者是多麼痛苦的一件事。我用床單想出了一個不讓患者動的方法。

我是和平主義者，因為主張和平，我也反對持有槍械。但是，在這裡，我卻要壓制一個活生生的血肉之軀，讓她在被清瘡的時候不能移動。照護過程中，這名高齡女性的尖叫聲一直環繞在我耳邊。這段時間令我們非常煎熬，我和蘿賽特回到家後都夜夜哭泣。

我無法忘記一九八七年六月二十三日發生的一件事。當天在照護的過程中，我從患者背後固定住他的身體，為了安撫他不斷和他說話。

這時有一個人進到房間，沒關上房門就走了出去。我注意到在通道的舊層架上有個小急救箱，這時我突然回想起十四年前我在學生時代的事。那年我很常扭傷，儘管如此還是必須參加比賽，因此醫師為我準備了一個裝有止痛藥和藥膏的小急救包，這是因為醫師考慮到我會痛。

然而，在為高齡者清瘡這件事情上，沒有任何人想到為他們止痛。工作了八年，我也未能將自己的記憶和現在的工作連結。

臨終安養院並不缺藥品，更何況包括我在內，這裡有許多照護的專業人士，但是大家都認為「不需要止痛是理所當然的事」。

我身為一名和平主義者，滿懷抱負，卻還是犯下這樣的錯。回顧當年，我認為光有抱負、溫柔的心、體貼，是行不通的。我必須擺脫各種職業文化的束縛，解放自己的思路。

照護者和患者說話的時間一天平均只有一二〇秒

我除了待過臨終安養院，也去過精神病院。當時高齡失智症患者不會送到老人之家或養護機構，而會送往精神病院。

有些患者會不喜歡洗澡，以前在美國或加拿大對此會解讀為患者「有恐水症」，但我可以用自身經驗告訴大家，事實並非如此。

有一天，我看著白色浴缸，忽然靈機一動，請護理師準備床單蓋住浴缸，然後將患者移動到浴缸上方，輕輕放下。結果，患者非常享受洗澡的舒適感，讓周圍的人都很驚訝。

成為高齡者之後，很容易無法掌握距離感和速度感。我看著浴缸時突然發現，「或許，進入全白的浴缸會讓患者有不知會墜落何處的感覺」。患者可能有一種站在高處跳台往下看，彷彿快墜落的恐懼感。

能讓患者享受洗澡的舒適感，又看到周遭的護理師都鼓掌叫好，讓我感到一陣驕傲。不過在一旁看著的蘿賽特卻對我說：

「伊凡，你為患者洗澡的時候，一句話都沒有和她說過。」

我心想，不可能，我明明就是愛聊天的人。正要回答「沒這回事」時，蘿賽特又說：「你看，你一直和護理師說話，但是大概只和患者說了兩句話。」因此，我又突然想到，是否有人進行過和患者聊天的相關研究呢？

調查之後我發現，沒有人針對這項議題研究過。因為醫師和護理師都在為患者工作，沒有想過自己沒有和患者說話。

因此我開始自己研究。我請醫院協助，將一有聲音就開始錄音的錄音機放置在失智症患者的床後。測量方式很簡單，當時患者幾乎一整天都在床上，大約三平方公尺的空間就是他人生的所有。在錄音機放置兩週後，大家都忘記錄音機存在時開始測量。

測量結束後，我得到很值得思考的結果。照護者和失智症患者直接對話的時間，二十四小時中平均只有一二〇秒。其中也有人和患者聊了三分鐘，但是也有人完全不曾和患者交談。我試圖尋找文獻資料中有無和患者談話的技巧，但是怎麼搜尋都沒有找到。由此可知，大家並沒有認知到和患者說話的必要性。我們之所以會意識到這一點，應該是由於我們沒有護理相關背景。身為專家，反而會有盲點。換句話說，我們沒有專業的知識背景，反而能自由思考。

我們的思路不受限制，又和照護專業人員一起工作，因此能發現明擺在眼前的問題。人只能改正自己察覺得到的事，察覺會打開最重要的事。

發現直到臨終前都能站立的重要

我決定要讓長期臥床者起身，並且從一九八一年開始實踐我的想法。因為參與改善護理師腰痛的計畫而踏入照護的世界，歷經各種照護現場後，知道有許多人長久臥床，失去自由。我開始思考該如何為此盡一份心力。

隔年，我和蘿賽特在研討會發表論文。論文的概念是「讓人能站著邁向生命終點，站著生，站著死」。請不要因字面誤解「站著死」的意思。我們想表達的是，人直到生命的最後一日，都有維持站立的可能性。

從以前到現在，我一直都向照護人員強調要「讓患者站著清潔身體」。因為我們的工作是要維持患者的健康。或許可以說，我們是因為發覺維持患者站立的重要性，才創立了人性照護法。

要讓患者能站著清潔身體，第一項條件就是不能約束患者，照護人員要協助患者站立，院長要為確保座位足夠添購椅子。有這樣的運作體系和條件，並在獲得大家一致同意後，才能做到讓高齡者能維持站立。

站立和人的尊嚴有關。這份尊嚴是屬於誰的？患者的？還是照護者的？我在讓高齡者哭泣的時候，自己也在哭泣，我也失去了尊嚴。直到能在護理褥瘡前幫助患者止痛，我才找回了自己的尊嚴。

我們是由對方望向自己的眼神，來確立自己的尊嚴。還活著的患者身體被刀割，一直發出淒厲的叫喊，也無法站立。誰會願意和將高齡者置於這種毫無尊嚴狀態下的人說話？因此失去尊嚴的是我們整個社會。

尊嚴是說明這是一個人的詞彙。人剛來到這個世界時，我們會如何對待他呢？我們會和他說話、幫他洗澡、為他穿衣、注視他、呼喚他的名字。

德國納粹集中營裡禁止說話、唱歌和注視。為了讓人忘記自己的名字，用編號代替名字，並且將編號刺在手臂，這是將人變成不是人的條件。

這麼做，是要讓人忘記自己是人。因為不是人，是動物，就可以任意宰殺。因為抹去做為一個人的條件，就可以大量殺害及焚燒猶太人、身障者、同性戀者和少數民族。

讓多達四十位高齡者擠在同一個房間中合宿，任由其臥床、滿身屎尿都放置不管；沒有對話、也沒有眼神交會；讓想站立的人躺臥；在觸摸之時割除爛肉……這些照護者無意識的行為都是在否定對方的人性。

在無意識中否定高齡者的人性，這種狀況世界各地都在發生，我也曾是在這種地方工作的一份子。

在我前面提到的臨終安養院裡，當時還沒有能完全包覆成人臀部的尿布，照護者會讓患者坐在有洞的木椅上，下面放置水桶，有時照護人員要用鬃刷清洗椅子。我仔細一看，才發現是在刷去沾附在椅子上的肉。有褥瘡的患者坐在椅子上時，患者的肉會黏附在上頭，其中甚至有人是骨頭直接碰到椅子。患者會因為褥瘡的疼痛而坐不住，但又擔心患者會跌倒發生危險，所以會將患者綁在椅子上。監獄都不會這樣約束犯人，我們卻將高齡者綁縛在椅子上，只為了要讓皮肉受損、深可見骨的身體能穩固在椅子上。

某天，一名高齡者被束縛在那張有洞的椅子上時，他叫住蘿賽特問：「我究竟做了什麼，需要受到這種對待？」當時我和蘿賽特都不知該如何回應，其他照護者也是。

但我們確定的是，能站立活動的人不會有褥瘡。長期臥床的老人，有九〇％原本都不應該長臥。只要他們能站著清潔身體，儘管時間短暫，都是一種運動，都不易產生褥瘡。

開始研究不在床上擦澡

對我來說，人躺臥時如果不是睡覺，就是死亡，兩者之一。床是為了睡覺或做愛而存在，其他時間人都不該躺在床上。於是，我們開始研究下床清潔身體的技巧。這也是與尊嚴有關的問題。因為只用紗布或紙巾擦拭大便，不但無法清理乾淨，我自己也很討厭被這樣對待。

法國的醫院和長期療養型的安養院中，照護者有二〇％為護理師，八〇％為照服員。高齡者住院或入住安養機構時，一天被照護的時間約有一小時，而其中有五〇％的時間都在接受身體清潔的照護。也就是說，這些機構的工作內容幾乎都是擦拭等清潔患者身體的工作。

在醫院，工作人員為患者清潔身體時，百分之百都是讓患者躺在床上進行，因為他們在學校只學到如何在床上清潔患者身體。不管從衛生的角度還是從舒適度來看，在床上清潔身體是最不好的方式。我想完全改變這種方法，那是一九九六年的事。

可以站立的患者，就讓他們每天站著淋浴。我嘗試讓患者自己清洗身體，盡量以步行完成所有移位。這也是復健的一環。無法站立的人則每天使用洗澡椅，在協助下淋浴。

提出這個想法時，我曾擔心工作人員人數不足，但結果完全沒有問題。因為如果一個月或一週才洗一次澡，每次洗澡的時間就會拉長，如果是每天洗澡就不需要這麼多時間。

經過三個月的測量，我們得到了一千六百八十八件身體清潔的案例報告。其中在床上擦拭清潔的五十七件平均需二十分鐘、站立擦拭清潔的六百一十九件平均需十六分鐘、站立淋浴的三百三十五件平均需二十分鐘、坐著淋浴的兩百七十四件平均需時十三分鐘、使用擔架床淋浴的四百零三件平均需十九分鐘。在床上清潔所需的時間和淋浴所需時間是相同的。

在一般的身體清潔方法中，淋浴是最能保持衛生的選項。在各種身體清潔方法的品質評估顯示，若三十分為滿分，床上清潔只有十二分，利用擔架床淋浴有二十四分，而站立淋浴得到最高分二十六分。

重點在對健康的影響。在三個月的測量期中，患者已經形成的褥瘡不見惡化，而且也沒有產生新的褥瘡。所謂的身體清潔不僅僅是清洗乾淨，還要能保持患者的健康，提高照護的品質。

提倡「善待」的理念

一九九六年起，在我開始思考有關人性照護的理念時，我覺得最重要必須要思考的是虐待的反義詞「善待」（bientraitance）。一九八〇年時法國創造了「虐待」這個詞彙，但我在和提倡這個概念的醫師見面時，他這麼說：

「對照護人員而言，他所做的當然是『善待』，你在進行的事毫無意義。」

我回答他：「絕對不是這樣。」因為我的「善待」對照護專業人士來說是一個全新的概念。

即使照護者親切認真，一句話也不瞎聊地幫對方擦澡、處理褥瘡，這難道就是「善待」？我認為這是不尊重人性的對待。

照護失智症患者時，照護者必須是實踐「善待」的專業人士。如果不是，即使照護者本人並無惡意，也會在不知不覺中否定對方的人性，且有加重傷害的風險。

即使照護者重視對方、用盡全力照護，但若被照顧者感覺「自己被危害」或是「自己屬於人的部分沒有被善待」，這就不是「善待」。所謂的「善待」，是必須自己有意識、必須學習，才能體會到的技巧。

為什麼會發生惡意對待？虐待處處都有

當時，住在臨終安養院的老人如果患了感冒就會臥床。十天後，就會開始出現褥瘡。一旦任由他們持續臥床，褥瘡就會越來越嚴重。這是因為缺乏知識導致的狀況，大家並不知道長期臥床的危險，原因在於我們。但是我們並非有意這麼做，而是因為不知該怎麼做，所以導致這樣混亂的局面。

幾年前，義大利安養院曾發生院內檢舉虐待老人的事件。透過隱藏攝影機調查，逮捕了七名照服員。如果是一個人的單獨行為或許還不嚴重，但竟是七人的集體虐待事件。從有關單位對事件起因的調查結果就可以清楚知道，安養院的職員完全沒有受過失智症的相關照護訓練，他們的處理態度就是完全放任、置之不理。

也就是說，無論你是多溫柔的人，如果缺乏專業技巧，在這樣的職場工作，經過半年就可能在不知不覺中做出虐待的行為。

這是因為高齡者漸漸缺乏人的特性。他們不說話、不和任何人眼神交會、屎尿臭氣沖天、不會站立。他們已不再是像你我一樣的人。

剛幫他們清洗好私密部位，結果又便溺。明明要為他們清潔身體，卻被拒絕。他們手腳僵硬攣縮，幫他們更換衣物時才壓住腳，上半身就又抬起，壓住身體，腳就往上踢。和他們說話也得不到回應，所以不再持續對話，認為「這個人性格不好」「不聽人說話」「有攻擊性」。

終於讓患者躺下，但卻又立刻起身，這樣反反覆覆。照護者不瞭解失智症患者大約五秒就會忘記自己行為的症狀，到了第四次時對患者說：「我不是說要睡覺了嗎！」粗魯地強制對方就寢。照護者不知如何是好，顯得無計可施。

在高齡者就寢的時間，安養院的上司已經回家，現場只剩下照護人員，也就不知道自己的權限到哪裡。對不知道自己在做什麼的工作，真的能確實做好嗎？

在沒有展望、沒有理念、沒有計畫的情況下，工作者漸漸變成機器人，這裡就暗藏了虐待發生的起因。

我不曾見過有攻擊性的失智症患者

我從未見過有攻擊性的失智症患者，一位也沒有。當然我被咬過，也被拉扯過，但都是因為我自己犯了錯，而非失智症患者惡意攻擊。

馬的慣性是如果有人從後方接近就會踢飛他。但是馬不是有意的，牠只是以為我們是肉食動物，因為害怕所以要保護自己。我們只要不從後方靠近馬就可以了。

對待失智症患者也一樣，請大方從正面打招呼，向他表示「我不是危險的人」，再開始照護。如果一直不知道照護者是誰，也難怪高齡者會將照護者當成「要綁住我，嚴刑拷問我的人」。

讓我們再回到虐待的問題吧。針對照護機構中的虐待，尤其是照護者層出不窮的暴力行為，蘿賽特一九九五年在里摩日大學進行了研究。論文的主題是「照護者的沉默」。她花了一年時間訪問照護機構裡的實習生，收集證言。從結果我們發現，相關機構七〇％都有虐待事件。

指導教授大大讚賞蘿賽特有根有據的論文，但是審核論文時評價分數卻是最低。因為審查委員中有醫療相關人員，他強烈主張「照護機構中不可能有虐待事件」。虐待是照護產業不可觸碰的議題，更是一大禁忌。

人性照護法的哲學基礎——照護必須要有情感和溫柔

我們一直對照護相關人士提倡「照護必須要有情感和溫柔」，而每次收到的回應都是「你們在說什麼奇怪的論調」。這是當然的。在人性照護法出現之前，沒有人會說照護「必須要有情感和溫柔」。相反地，在照護世界中，大家都認為個人情感和溫柔會阻礙照護工作。

這是因為一般人都認為好的照護不應該摻雜情感，要將自身的情感置於工作之外。

我長期在進修的場合與許多護理師共事，透過這些經驗，我可以肯定地說，照護工作做得好的人是帶著情感在工作。大家是在「不可將自身情感帶入工作」的照護職場文化下，才不得不隱藏自身的情感。

有個理論讓我們能夠印證從照護現場觀察來的想法。神經科學家安東尼歐・達馬吉歐（Antonio Damasio）的著作《笛卡兒的錯誤》（*Descartes' Error*）中有這麼一段話：「笛卡兒定義『人是由精神和肉體構成』，但這是錯誤的。精神和肉體無法從生物學的角度分割。人體內存在著精神，情感也寄宿其中。」而且書中還批判了笛卡兒的「理性優於感性」。

情感是自己的身體，我們從感性中誕生。這個想法讓我獲得力量，讓我可以正正當當地說「情感和溫柔」是照護的力量，是照護的關鍵。

安東尼歐．達馬吉歐又說：「情感不只和心理，還與整個身體緊密結合。」也就是說，整個身體包括手腳，都是情感誕生的根源。因此要求照護者忘記情感，就如同對外科醫師說：「請麻醉自己的雙手再動手術。」

沒有所謂適當距離，唯有靠近

照護現場一般會要求「照護者必須和患者保持適當距離」。我認為這是錯的，應該要靠近而非保持適當距離，因為我們只能靠近。若我們說「保持距離很重要」，就是認為情感是負面的。因為如果照護時帶有情感，在患者或高齡者因病過世時，照護者就會傷心難過，讓工作效率變差。所以會出現帶著情感靠近對方有危險的說法。

但是，這是個天大的誤會。我們無法將情感鎖在家裡出門工作。情感是發自內心的，看到美麗的人會怦然心動、負責的病患死去會傷心，這都是再自然不過的反應。如果會因為看到的事心痛而必須扼殺情感，那就只能閉起雙眼了。但即使如此，我們也無法不擁有情感，所以只好盡量不流露出來。即使負責照護的對象死亡，也要告訴自己「因為我們有保持距離，所以沒問題」。這樣壓抑情感埋藏在心裡，總有一天這份情感會爆發。

人需要愛

在花心力保持正確距離之前，我們應該思考的是，終將面臨死亡的高齡者現在需要的是什麼？他或她需要的是溫柔、是關懷，也就是愛。

高齡者絕大多數時間都是被照護專業人士包圍。但專業人士所受的教育是「照護不需要愛，請保持距離」，他們也照著執行。這對高齡者來說是莫大的悲哀，因為他們非常需要愛，卻無從獲得。

究竟，為什麼我們會認為不可以和被照護者有緊密的關係？

我曾在日本和一位護理師一起照護一名失智症女性。因為她無法自行進食，有插鼻胃管。另外，她有口腔潰瘍，必須塗藥，但是她拒絕一切照護，任何護理師靠近她，都被打被踢，因為束手無策，大家也只能作罷。

我後面會具體說明如何運用人性照護法的技巧進行照護，但這邊我要先說的是，面對這位挑戰度極大的患者，接受過人性照護法訓練的護理師，在成功完成口腔照護後，對著她說：「我很喜歡妳」「我會再來看妳」，這在過去的照護現場中是難以想像的畫面。

原本長期臥床，拒絕各種照護，只會不斷大叫的患者，從這天起有了改變，她開始向護理師敞開心扉，和護理師聊天，並且自行用餐。大家原本以為她無法站立，但她其實能站得很好。出院當天，她還自行梳理頭髮，甚至化妝。周圍護理師見到她這副模樣都不禁鼓掌落淚。

這一切改變都源自於一名護理師，而這名護理師獲得向患者說「我很喜歡妳」的權利。促使這個改變的不是醫師，也不是藥物，而是來自每天進行照護的護理師。這就是照護的力量。

重點是因為這名護理師在照護時以人性照護法的技巧為基礎，也就是說，如果學會這個技巧，任何人都能重現此情此景。

有人見到這麼緊密的關係感到非常震驚，問我：「建立『我很喜歡妳』這麼特殊的情感，產生個人關係的連結，這樣好嗎？」

人性照護法的方式，看起來過於介入對方的個人隱私。

我是這麼回答的：

「大家都認為，在醫療機構這種公領域就必須摒除緊密的關係，但病人也因此在得不到愛的情況下死去，護理師也會因此感到無力而辭職。」

個人之間不可以有緊密的關係，這種想法單純只是一種習慣。人真正需要的不是有距離的關係。

前面提到的高齡者，在之前的照護方式下，原本是長期臥床、拒絕一切照護的患者。現在她能夠再次用自己的雙腳站立，重新以人的姿態生活，並且在接受照護時和護理師和平共處。她並不排斥護理師的真情流露，甚至會向照護的人道謝。

照護時帶有情感過於踰越分際，而且會變得不尊重對方。一般認為這是常識，但真的是這樣嗎？

例如，你同意一絲不掛地躺在別人面前，並且讓人觸摸你的私密部位嗎？恐怕會拒絕吧？但是如果成為患者，就不得不全盤接受。因為一旦需要接受照護，你就只能將自己的身體託付給他人。可是，託付的方式有兩種：

一種是待你如「物」，這是走向抹煞你人性的方式；另一種照護恰恰相反，是將你視為重要的一個人，溫柔對待。

如果一個人需要他人協助，被認為他無法自主，很容易就會以為不需要這個人的同意就可以對他做任何事。所以，在正常情況下未經本人同意突然觸摸他的私密部位，是沒常識又暴力的行徑，但轉換至照護的場景時，這些都變得理所當然；相反地，溫柔握住患者的手卻被認為是必須禁止的事。

但是請各位想想，溫柔問候、充滿關愛的觸摸，是表示重視你，把你當成朋友，比起以照護之名讓人赤裸，這才是不暴力的照護方式。

照護不在緊密的關係下就無法成立。人性照護法正是藉由照護不斷告訴對方：「你是我的朋友」。

而且，最重要的是，照護者必須時時提醒自己「運用緊密的關係照護是我的工作」。以專業工作者的身分，進行優質的照護，尊重對方，以人相待。

我們觸碰患者，但卻避開患者的觸摸

醫師也好、照護人員也好，都會因為工作需求觸碰患者。有位學習過人性照護法的醫師這樣告訴我：

「患者無意識地觸摸我時，會讓我嚇一跳並反射性地縮回身體。但是仔細想想，我們卻經常單方面地觸碰對方。之前我從來不覺得這件事奇怪。」

現在，這名醫師已能欣然接受患者的觸摸。

即使是學過人性照護法且成果優異的照護人員，在學習人性照護法之前，遇到有患者觸摸他，也會有抗拒的感覺吧。

只能自己單方面地觸摸患者，或許是因為照護人員都有「為這份工作奉獻自己」的共同態度。

但是這也意味著，如果只由照護人員單方面持續地付出，結果只會身心俱疲，能量耗盡。我經常向他們這樣提問：

「你希望被照護者給你什麼樣的回應？」

不可以表現自己的情感，不可以拉近距離表現關愛，自然也得不到對方的任何回應。

要是說我們能從照護現場獲得什麼能量，那就是被照護者的回應。如果這個回應正向、善意和溫柔，就能為我們的照護儲存能量。就是因為禁止從對方獲得回應，照護人員才會感覺過勞。我們對患者付出什麼，患者一定也會給我們同樣的反饋，對方給予我們的贈禮，會成為我們的能量，促使我們前進。

照護者觸摸患者是很稀鬆平常的事，但卻相反地很難接受被患者觸摸。我們會將這種行為解讀為「那個人有點討厭」「粗魯」，但照護者卻會觸摸患者的私密部位。患者只是觸摸照護者的手，照護者就覺得討厭並且拒絕。如果沒有交換，雙方就無法建立人際關係。

只有單方面付出的關係之所以能夠成立，是因為一方擁有絕對的權限。在照護現場最常聽到的一句話是「請不要動」。即使用再溫柔的聲音說這句話，但意思就是「我擁有全部權利，你沒有，所以請不要動」。

唯一表示「你也擁有權利」的方法，就是接受對方正向的表現。

而什麼是被照護者正向的表現呢？如果我們帶著情感溫柔照護，對方感覺放鬆時，就會說出「謝謝」。他會握著我們的手，輕吻我們的臉頰，我們接受他對我們說的話和舉動。即使負責照顧的患者過世，當聽到他的家人說：「我父親已經過世，但是臨終時曾說你是個相當溫柔的人。」這又是一份贈禮。

當付出與接受能順利循環，我們就能充滿能量，不會有「被掏空」的感受。

但是在照護心理學上教的卻相反，「表現自己的情感是危險的」。這句話在某種層面上是正確的，因為我們將他人視為應恐懼的對象。

恐懼會破壞人與人之間的關係。我會這麼肯定是因為，患者會想和擁有豐富人性照護法知識的照護者說話並接觸。

人性照護法是通往自由的大道。接受傳統照護教育的人不喜歡被患者觸摸，換句話說，這是一種將自己拒絕於自由之外的表現。

但是如果願意嘗試一次，改變習慣，就會從對方得到未曾獲得過的贈禮。

那麼該如何才能自由？為了知道這一點，我們就得探究由照護端孕育的「恐懼」的文化史。

我們一直是如何照護的

社會公德會明定一些不可以做的事。我們學會、習慣許多這類的禁止事項，而且早已成為我們文化的一部分。

即使禁止的原因明確，腦中也可以理解，但如果需求來自本能，就會和理性形成對立。這時理性會將本能的需求判定、駁斥為不該做的事。

我們真的了解自己需要什麼嗎？我們內心深處需要的是「被眾人所愛」。我們很想說的是「我想被你所愛」，我們渴望被愛的自由。

但是，你會害怕。

我們需要愛人和被愛的自由，但是文化和教育教導的內容恰恰與之相反，「這種需求不好，請將這種需求鎖在心裡」。

高喊自由的重要，我們卻一點也不自由。但是當我們從這種囚禁中解放出來，抽離自己所屬的文化，被恐懼囚禁的自我就能展現。

這是蘿賽特拜訪某家照護機構時發生的事。在那裡有許多不接受照護的高齡失智者，照護人員異口同聲地說：

「我們明明就是要幫他們，這些老人家卻大叫，很討厭地抗拒，我們真的是又苦又心痛。」

每個人都「認為自己很可憐」。弔詭的是，他們都在訴說自己的辛苦，卻沒有人談論高齡者的難受。

在這個機構裡，有位患者已經三年不願意好好接受身體清潔的護理，每次清潔時都如臨大敵。但是蘿賽特卻和這個人度過一段歡樂的淋浴時光，讓所有照護人員瞠目結舌。

蘿賽特說：「請放心，我會告訴大家方法。我會說明技巧，解決每天讓你們心累的原因。」

但他們卻斷然拒絕。

這真是讓人無法理解。他們抱怨自己辛苦、可憐，問題嚴重到令他們頭痛。如果希望改變這個情況，不就自然地會想接受能改變現狀的知識和方法嗎？但他們卻不打算擺脫現在的困境。

這樣的反應不只出現在這家機構，從我們長年累積的經驗發現，這是照護產業普遍的傾向。這是為什麼呢？

或許大家會覺得難以想像，但這樣的抗拒和宗教有關。照護源自宗教，是這個歷史背景產生了這種思維。

潛移默化的宗教價值觀

西方最早的照護源自修道院。擔任照護的人是修女，她們照顧無依無靠的人、病人，這些沒有人願意照護的人。她們創立護理師此一職業之時，也創造了現在壓抑我們的文化。因為照護源自宗教，所以它的本質是徹底奉獻。

「現在已經是二十一世紀了，那些過往的遺風跟我們早已無關」。因此我們想脫離那些舊有文化，然而就像世界上沒有無根的人，每個人都背負著過去。照護的起源仍在某種文化圈中擁有支配的力量。

奉獻和慈善是潛在照護產業的典範，直至今日依舊擁有舉足輕重的影響力。

為何修女願意集中照護被放棄的病人？這是為了要上天堂。走在任何人都躊躇不前的苦難之路與逆境中，才有資格進入天國。自我犧牲和受盡苦難都是必要條件，即使付出也不要求對方回報。

照護是基於這樣的信仰，所以不知不覺間，照護者會認定「如果不受苦，就失去原本的意義，工作不夠盡責」，將工作的價值置於苦難和困境之上。潛移默化中，他們習慣了這樣的文化。

照護者是一群了不起的人，他們照護沒人想照護的高齡失智者。但是，如果習慣這種要艱難才顯得有意義的文化，即使我告訴他們：「用人性照護法協助患者只要十歲小孩的力氣就夠了；如果患者攣縮，也只要五歲小孩的力量就可以解決。」他們也無法接受這樣的說法。因為他們害怕自己堅信必須經歷苦難的價值觀會瓦解。

但另一方面，若照護者能跳脫過往習慣、體驗人性照護法，之後就會說：「照護充滿了期望」「工作很快樂」，也不會嚷著工作有多辛苦了。

因深感無力而欺壓弱勢

為了奉獻給神、為了上天堂而犧牲奉獻。照護建構的世界摻雜了苦難、艱困和逆境。我們在無意識中將自己禁錮在這種思維裡，甚至毫無自覺。

所以，照護者如果認為照護高齡失智者這些大家不願意照顧的人是值得的，對自己需要解除苦難的技巧這件事就會「難以接受」。

一九三六年出版的法國護理專業雜誌上面寫著：「對有神庇佑的護理師而言，單調、樸實、誰都不願意做的瑣事是有價值的。」現在的法國護理師會對此嗤之以鼻：「觀念太落伍了。」日本人也會一笑置之，認為：「這是歐洲人的想法，和我們無關。」但是現代的護理工作是由歐洲傳至世界，它的根源依舊蘊含著宗教的犧牲精神。

也就是說，日本的護理文化也有和法國相同的思維。這個思維認為工作最大的價值就是自我犧牲。以前是侍奉神，現在則是將自己的人生獻給工作。葡萄牙直到一九六〇年仍規定護理師不可以結婚，日本也有類似情況。甚至就在不久前，還有護理師在沒得到醫院護理部的同意前不能懷孕生子。

表面的原因，或許是「因為人手不足，現在懷孕會造成大家工作上的困擾」。但是本質上是一種對不能二十四小時為患者犧牲奉獻的懲罰吧！如同修女犯錯懷孕所遭受的對待一樣。是不是覺得聽起來太誇張了？但是觀察現實的情況，你可能就不會這麼想了。照護不艱苦就不成立，這種想法建構出來的文化在無意識中迫使個人犧牲自我，而且在習以為常的過程中，個人漸漸喪失自由思考和行動的能力。

當我們陷入「深感無力」的失意狀態時，接下來會發生什麼事？為獲得心理上的補償，就可能開始欺壓比自己弱勢的人。

在照護的世界，比照護的人還弱勢的族群是患者。雙方的施受關係不但是單方面的，也是有一方較為強勢。我想改革這個架構。

照護的人擁有真正的力量時，會允許自己接受被照顧者的溫柔和情感，能夠說出自己的感受，從一味依循過往的遺風和習慣裡解放，獲得自由。

第二章

高齡失智者有暴力傾向？

自認「所做的一切都是為了他好」

網際網路出現後不久，網路上就登出了蘿賽特關於虐待的研究報告。不久，我們接到來自加拿大「ASSTSAS」（Association paritaire pour la santé et la sécurité du travail du secteur affaires sociales）一名社會學家彼格艾特（Bigaouette）的連絡。ASSTSAS是公部門，負責所有照護相關人員的健康管理。在加拿大這個單位首次確立了協助患者安全移位的技術「PDSB」（Principes de Déplacements Sécuritaires des Bénéficiaires）。

彼格艾特既是一名研究者，也是ASSTSAS的指導員。他信上是這麼寫的：

「加拿大從一九九二年起，長久以來照護人員常見的腰痛問題減少了許多，這都歸功於升降機等照護輔具的導入。隨著腰痛問題的減少，醫院內暴力問題開始受到關注。但加暴者不是照護人員，反而是高齡者對照護者出現攻擊行為。你們是研究照護者的暴力，我們則是研究高齡者的暴力，我們何不一起研究呢？或許這其中有什麼關聯性。」

信中提到的攻擊行為是例如進行照護時，高齡失智者會拉住照護者說髒話，或是吃飯時不吃，將食物四處亂丟，還試圖從窗戶逃走。此外還有觸摸照護者臀部這類與其說是攻擊行為，倒不如說是妨礙工作的舉動。

照護者和高齡失智者的攻擊性之間一定有關聯性。我抱著這個想法，決定動身前往加拿大魁北克和彼格艾特會面，進一步了解實際情況。

在當時，ＡＳＳＴＳＡＳ也是一家世界少有，針對失智症管理進行研究的機構。會有這種機構出現，起因是高齡失智症患者引發的問題屢見不鮮。

加拿大的法律規定，照護現場回報的問題一定要有因應對策。因此如果發生照護者被拉扯，或被言語攻擊的情況，就要提交報告給主管。但醫院主管對這些問題卻不知該如何解決。

因此，醫院委託ＡＳＳＴＳＡＳ找出解決辦法。ＡＳＳＴＳＡＳ邀請了失智症的專家協助，開始擬定對應具攻擊性高齡失智症患者的辦法。我一邊聽彼格艾特的說明，一邊想人性照護法應該對加拿大面臨的狀況有幫助。我想，如果用與過去不同的方式接近患者，或許就能降低高齡失智症患者的暴力行為。可惜的是，我的想法被否定了。因為他有自信，在照護患者的技巧上，加拿大的方法是全球第一。

不過，因為對對應高齡失智症患者暴力的進修課程有興趣，所以這次換我邀請彼格艾特來法國。當時在法國，完全沒有被照護者攻擊人的問題。不過，我想法國某天也可能會面臨這問題，我希望屆時我們能夠不慌不忙地提出解決辦法。

但為什麼在加拿大，高齡失智者會頻頻發生暴力行為？這或許和加拿大的文化背景有關吧！

魁北克人大多行止合宜，為了不造成他人困擾，日常舉止很講求禮貌。從這點來看，和日本人頗有相似之處。但是在我的印象中，他們一旦流露出情緒，就比法國人還要激動。

有可能是加拿大整個社會過於壓抑，人們平常都忍耐著不表達情緒；罹患失智症後，或許這些壓抑的情緒獲得了解放，將長久克制住的情感一口氣宣洩了出來。但這樣的說法欠缺理論支持。因此，彼格艾特才會想知道引發高齡失智者暴力背後的因素。

我邀請他到法國，為三家導入人性照護法的機構講課。每次講課時他一定會問：「請問你們這家機構裡有多少失智症患者？」在加拿大，如果入住者總人數為一百人，失智症患者平均約有五十人。因此他以自己的經驗問大家：「如果一家機構共有五十人，從統計上來看，有問題行為的失智症老人大概有八人吧？」但這些導入人性照護法的機構職員的回答卻是：「不到八個人喔，大概一、兩位。」在其他機構裡，得到的回答也大同小異。

為什麼法國有攻擊性的失智症患者較少，加拿大較多？他認為如果能發現兩者差異的原因，就應該能找到有效解決暴力的方法。

因此彼格艾特花了好幾天仔細觀察各家機構進行了哪些照護。結果發現，這些機構在床上清潔身體的方式和加拿大相同，設備也沒有特殊之處。如果要勉強找出差異，大概就是和加拿大相比，入住者面對的護理師人數較少，看不出有什麼特殊原因讓機構裡不存在有攻擊性的高齡失智者。

課程的最後一天，機構人員問我：「患者要淋浴，你可以從旁協助嗎？」我立刻答應。在浴室協助時，正巧彼格艾特到來，看到我照護患者的情況。

在加拿大，照護指導員並不會到照護現場，更不會親自幫患者洗澡，與失智症照護相關的訓練都在教室裡模擬學習。但是他也是一名社會學家，因此會想看看現場實際進行的狀況。

一段時間後，淋浴照護結束，我回頭望向彼格艾特，他興奮地說：「我知道為什麼法國照護機構中有暴力傾向的高齡失智者較少了！」因為他了解了我的照護方式，也就是藉由技巧介入，讓患者不具攻擊性。

那麼，我的照護和加拿大的照護，關鍵的差異在哪裡呢？在加拿大，已經確立了幫患者安全移位的照護法，但還無法完全運用，因為暴力讓照護無法順利進行。也就是說，在他們的認知中，是高齡失智者的暴力行為阻礙了照護。

我前面曾提到「失智症患者中沒有具攻擊性的人」，那麼，是什麼樣的情況讓患者產生攻擊性？

例如，如果突然抓住對方的手，對方的肌肉自然會用力，讓肌肉變得緊繃。另外，清洗私密部位時，照護者理所當然會讓患者打開雙腳，但是大多數的情況是，對方會雙膝緊閉抗拒。照護者依照學校所教的方式工作，但這反讓患者緊張，身體僵硬。

請以自己的角度來思考。被一點也不親近的人觸摸有多不舒服。無論是失智症患者或是任何人，被人粗魯地抓住或打開雙腳，任誰都會感覺屈辱，更不用說像打掃地板般清洗自己的私處，更讓人覺得粗暴。

失智症患者即使認知功能差，也應該不會容許他人這樣對待自己，所以才會頑強抵抗。

但在加拿大，如果遇到這種情況，照護者會強行將患者雙腳打開並壓住，還會說：「請不要動，因為要清洗，馬上就好。」這樣一來當然就會被對方咬或拉扯。因此負責的照護者會報告：「我明明是要照護他，卻被拉扯和攻擊。」

但事實應該是，失智症患者並不是要攻擊對方，只是想保護自己。相反地，攻擊的人是照護者。

我們只能在對方許可下觸摸他人私處，所以強行觸摸稱得上是暴力行為。我想照護界有許多人都沒想到這一點，因為大家滿腦子想的都是要達成任務。

將高齡失智症患者當成問題的原因，是因為照護者深深相信「我做的一切都是為對方好」。但事實上並不一定。

被照護的人如果大叫、抗拒，那就是照護的我有問題。原因出在照護端。彼格艾特發現了這一點。

我和蘿賽特開發的技巧，不會教人從正面強行掰開患者的雙腳。而是先讓他們側臥，再彎曲膝蓋，這樣就可以自然碰觸到私密部位。這個方法也能降低患者心理的抗拒，讓患者平靜地接受清洗。但即使是我們，都必須要二十年的經驗才能發現這一點。

觸摸部位有順序

透過和彼格艾特的交流，我開始為加拿大照護人員設計培訓計畫。我想談談當時的情況。

當時我接到委託，要為大家認為最棘手的患者進行照護，在獲得同意後，我拍攝了整個照護的過程。這位患者是一位高齡女性失智症患者，幾乎二十四小時都在大叫，而且是一整年都在大叫，是失智症常見的典型大叫法。再加上她長期臥床，身體攣縮。我就是在這種情況下開始進行照護。

現在，我都會教照護者第一次接近對方時，「一定要站在對方視線看得到的位置」。但當時我還是依照經驗法則說：「我要從窗邊靠近您喲。」

而且我還不是用平常的說法說：「您早。」而是用唱歌般的語調說：「你早啊。」從當時的影片看來，我實在有很多拙劣之處，但我認為用有旋律的方式說話也是一種方法。

之後我展開笑容伸出手，身體開始向她靠近。她是一位西班牙人，所以我試圖和她說西班牙語。但她一如往常地大叫。

接著我將手放在她胸前鎖骨的位置。以前我曾認為這個位置靠近乳房，不可以觸摸。

但我在加拿大期間接觸一位不易照護的患者時發現了一件事。為了讓對方平靜，我無意識地將手放在對方胸前。人呼吸紊亂、感覺不安時會怎麼做？是不是會拍拍自己的胸口？或許這個動作已經成為一種習慣，所以我自然地做出這種舉動。她的叫聲漸漸地平靜了下來。然後，我觸碰了她的臉。我覺得這應該沒有關係，但卻成為一個大大的錯誤，她毫不遲疑地再度放聲大叫。觸摸臉部，必須等到稍微建立起人際關係之後才可以。因為臉屬於私領域的部位。

人會區分可以觸摸和不可觸摸的身體部位。在照護前，與被照護者建立人際關係時，手要先放在對方中性的身體部位。中性部位也可說是社交上可以觸摸的部位。略略碰觸朋友的肩膀不算失禮，但要關係很親密才可以觸摸臉部。但無論東方或西方的護理學校，都教學生照護時要先從臉部清潔開始，這是極大的錯誤。

我還需要一點時間才能觸摸她的臉。於是我用西班牙語對她說：「還好嗎？」

她發出笑聲，接著我又說：「我叫伊凡，是來幫忙的人，可以把你的手給我嗎？」

觸摸對方的關鍵在於時機。在法國，親吻手是表現親切的問候，所以我握住她的手吻了一下，但她又開始大叫。這個階段這樣的舉動果然還是太過親暱。光只這麼做，就很可能引發強烈的攻擊行為。

即使溫柔輕吻手背在某些文化中是被允許的，但仍舊可能發生激烈的抗拒反應。請想想看，如果你突然被帶著手套的陌生人撫摸臉龐，或是他一進入房中就確認你尿片的狀況，或是打開你的雙腳清洗你的私處，這會使你產生什麼情緒反應？全世界照護者的正常的行為其實誘發了患者的抗拒。

我們會為了教學和研究拍攝照護的狀況，照護這位女性時的情形我也拍了下來，藉以不斷修正照護的方式，但有個部分，我花了五年時間都不明瞭。即使我用「女士」呼喚她，有時這名女性會絲毫沒有反應。我就在她身邊，但是她卻完全沒發現我就在身旁。在一旁的我無論和她說什麼，這些話語都沒能傳入她耳中。她看不見我，也聽不到我的聲音。也就是對她來說，我並不存在。究竟為什麼會這樣？

「隧道視野」的陷阱

即使呼喚她，她也還是看不到我、聽不到聲音，所以毫無回應。這種狀態是失智症患者常見的症狀，稱為「隧道視野」，當下我也向大家說明患者有隧道視野的症狀。我認為要讓她注意到我，必須進入她的隧道視野範圍中。然而我這樣的理解是錯的。

她並不是穿過隧道就能看到周圍的世界。換句話說，這並不是視覺的問題。她的耳朵也聽得見。她的身體功能沒有障礙，只是被一層濾鏡遮覆。這意味著她在「人際關係上有視覺和聽覺的障礙」，除非和她建立起人際關係，否則她既看不見也聽不到。

就是這點使我們落入照護的陷阱。她並不是視野狹窄所以看不見，她可以清楚看見，眼睛並沒有問題，是注意力的部分出現問題。因此我們必須牢牢抓住她的視線和她說話。如果照護時沒有抓住她的注意力，她就會爆發、抗拒。看不見的人突然向她伸出手，當然會令她害怕。

我是在拍攝給高齡失智症患者家屬看的教學影片時，發現這一點。拍攝的內容是在說明如何和視野狹窄的女性溝通。

拍攝時，我說：「您好。」，然後靠近對方。攝影機拍攝到我們，但即使攝影機和我都在眼前，她卻彷彿像看不見。儘管我就在很靠近她的位置說話，她卻沒有接收到我的話，毫無反應。但這時攝影機電池用完了，我們必須重新開始拍攝。

我再次說：「您好。」，然後開始靠近她。視線正好對上時，攝影師又突然說：「膠捲用完了，要換新的。」於是必須換好才能重新開始錄影。當我又一次從「您好」開始，這次輪到麥克風沒聲音。

才剛要建立人際關係，對方卻離開，她開始漸漸感到不安。我覺得需要休息一段時間，過了約十分鐘，我再次從背後接近她，她突然回過頭，而且非常留意我在哪裡。

這一瞬間讓我領悟到，這名女性的視野狹窄並不是因為器官障礙。只要建立起關係，喚起她的注意，她就能看到我。我將她這樣的狀態，稱為「人際關係的視覺和聽覺障礙」。

我嘗試在神經學裡搜尋有沒有相關的研究。在法國國內並未有所斬獲。美國有針對失智症患者視野狹窄的研究，但是我只找到「因大腦某個部位損傷而產生視覺障礙」的說明。或許研究者沒有第一線的照護經歷，所以懷疑患者有「隧道視野」。

這種假設本身就是錯誤的，我也曾經教導大家錯誤的理論。從眼前發生的現象發現新的事實，才能藉此修正錯誤的理論。這些發現的積累，都成了人性照護法的基礎。

當時我和蘿賽特都還無法完整說明自己執行的內容，只能從經驗法則累積「這樣做比較好」的實戰知識和技巧。

你的動作好像猴子

我曾在加拿大神經學學會上發表早期輕吻患者的手等各種錯誤判斷的照護紀錄影片，當時發生了一件事。

午餐時間有位男士這麼告訴我：

「你剛才的影片，動作好像猴子的行為。」

這個人是一位動物行為專家。他提到：「在你的影片中，你握住那位女性的手，讓她觸摸你的臉，這個舉動和猴子一樣。」

猴子有嚴明的階級制度，打架輸的一方會握住對方的手觸摸自己的臉。猴子的爪子相當銳利，這個舉動很危險，因為對方想攻擊自己的眼睛可說是易如反掌。勝利的一方不會這麼做，而輸的一方則藉由讓對方觸摸自己的弱點，來表明自己沒有敵意。猴子透過這樣的行為結束紛爭。

是動物行為學的學者在跟我開玩笑嗎？但我不覺得這是一個玩笑。一般認為進化到人類和猴子有所區分的時間點，大約發生在六百多萬年前，從漫長的生命長河來看，這不過是最近的事，所以人類和猴子應該存在許多共通點。學者的提醒讓我發現，人類會在無意識中做出和猴子相同的舉動，是因為會本能地避免對方的攻擊。

我之前在照護情緒激動的女性時，為了安撫她的情緒，沒有碰觸她的臉，而是讓她觸摸我的臉。這並不是出於刻意，而是連我自己也沒發覺的狀況下做出的行為。

我也不知道為何自己有這樣的舉動，但從經驗上，我就是知道讓對方觸摸我的臉，他就會平靜下來。現在多虧了學者，讓我知道這種舉動是一種順從的訊號：「我比你弱」「我沒有要攻擊你」。自此之後我定下了這一項技巧。

還有，我們為被照護者擦澡時，通常都從哪個部位開始？從臉開始，最後清洗私密部位——無論在歐美還是日本，護理學校的教法如出一轍。但這並不正確。讓他人觸摸臉部代表「沒有敵意」，那麼，突然觸摸臉部的行為不就意味著相反的訊息？

接下來，是我在參加研討會時發生的一件事。由於我所採取的照護和護理學校的課程完全相左，「不從臉開始清洗」就是一例，對此心存質疑的人認為這有「衛生上的問題」。會場上包括護理師和醫療相關人員，總共約有一千兩百名與會者，於是我再次詢問大家：

「你們在護理學校學習時，是從身體的哪個部位開始洗？」

大家異口同聲回答：「臉部。」

「那接下來呢？」大家回覆：「雙手。」接著我又問：「最後洗哪裡？」大家又回答：「陰部。」所有的問題，他們都能立即答覆。

接著我請一位說明原因，得到的回覆是「因為清洗的順序是從最乾淨的部位洗到最髒的部位」。在場一致同意這個答案。的確，世界各地的照護專業人士都接受這樣的教育。

我再大聲詢問：「請問這裡有衛生方面的專家嗎？」在場有兩位舉手。我請教他們：「請問身體最多細菌繁殖、最髒的部位是哪裡？」

結果專家回答：「嘴巴。」接著是手，然後是陰部。

也就是說，全世界照護人員採取的擦澡順序，並不是從最乾淨的部位擦到最髒的部位。事實上剛好相反，是從臉開始，而且這部位包括細菌最多的嘴巴。
從衛生的觀點來看，這非常奇怪。為何出現這樣的順序，又得提到它的歷史背景。擦澡的順序，是建立在生物學和細菌學知識納入醫院衛生管理之前。
現在的護理學校會教導衛生觀念，因此大家都知道嘴巴是細菌最多的地方。但是，之後的身體清潔課程卻教人從臉部開始清潔。同一天所學的課程內容就相互矛盾。
新的知識如果是事實，就必須修改舊的作法。但是「舊作法」奠基於行之有年的習慣和傳統，如果舊作法能保證獲得資格也能提供尊嚴，我們就會拒絕最新發現的事實和相關的一切。這是潛意識的反應。大家想告訴自己我並沒有錯。
只有真正虛懷若谷的人，才懂得將所學的知識和現實對照並實際活用。謙虛來自對自己所做的事感到自豪，而且不僅自豪過往的行為，也自豪未來的提升，這促使我們能夠創造更好的照護文化。我認為「不從臉部開始清潔」也是邁向革新的一步。

第三章

當我們喪失權利時

照護現場發生的事

什麼是支撐我們生活的重要價值？那就是得到應得的尊重，以公民的身分生活，也保有自由和自主性。這些都是《世界人權宣言》提倡的內容：

「人皆生而自由，在尊嚴及權利上均各平等。人各賦有理性良知，誠應和睦相處，情同手足。」

人性照護法也是奠基在這個價值上，尊重支撐民主的自由和自主性。人人自主的自由社會是什麼樣貌？至少我認為不是這樣的社會——由強者決定一切，只能服從，即使認為是錯的也不能有意見。在人性照護法的思維中，無法容忍長期心懷恐懼，向強者臣服。

人性照護法的哲學中認為，每個人都有應該被尊重的價值。而且，患者也好、護理師或照服員也好，都有相同的價值，不會因為身處醫院或照護機構而損害這個價值。

在法國規定，如果不得不約束患者時決定權不在醫師，而在法院。但實際執行時卻是由醫院判斷決定。原本這是違法的。

我們的想法是，基於「尊重人權」，無論在醫院還是照護機構，都應該保證住在其中的人能維持和在家時相同的生活。就算住在機構裡，也不應該失去其中任何一項，更遑論有約束身體的行為。

但現況又是如何呢？高齡失智症患者被醫院或照護機構限制的情況並不少見。這就侵害了支撐我們生活的人權。而且這種失去自由的滋味，不僅在失智症患者身上會看到，在所有高齡者身上都會看到。我們的社會是將誰定義為強者，又將誰視為弱者並且排除在外呢？

成為高齡者後，每個人都會有所失去

請想像一位東京高齡男性的生活吧。八十歲，獨居在三樓的小公寓中，最近開始感覺膝蓋疼痛，連上樓梯都變得難受。他喜歡泡澡，但是現在連跨過浴缸都力有未逮。

最近，老人因為同時放洗澡水又煮飯而分心，讓食物燒焦，煙霧四起、火災警報器大響。鄰居知道隔壁住的是一位獨居老人，所以通知消防局。幸好沒有發生大礙，但是鄰居一臉擔心，「最近他是不是有點精神恍惚？」

過幾天老人的女兒來到公寓，開門見山地問：「要不要去住照護機構？」醫師也建議：「在照護機構生活比較方便喔。」但是老人自尊心很強，所以回絕。

某天，街道對面開始蓋起一棟建築，幾個月後，一棟設計新穎的建築落成，是一家照護機構。老人心想：「我絕對不去那種地方。」但是被時尚的建築外觀吸引，還是充滿了好奇心，一直打量著照護機構。

從透明的自動門往內望，可以看見機構的介紹。

「大家好，歡迎蒞臨參觀。入住本機構的人，都能過著和在家中一樣的生活。住在這裡，生活絕對不會有改變，也不用擔心有所失去。我們尊重自由、自主和博愛。」

內容實在太吸引人，老人開始有點心動，過幾天他實際去參觀。房間又大又明亮，公共空間裡還有鋼琴，復健室裡器材一應俱全；機構內有心理諮商師也有物理治療師。「如果這裡尊重自由，住進來也不錯。」老人改變心意簽下了合約。

入住當天，他帶著飼養多年的小狗來到照護機構。工作人員說：「這是為高齡者成立的設施，不是讓小狗待的地方。」老人一再強調「這裡不是讓我們像在家裡一樣生活嗎？」但是爭辯無效，他失去了一生的摯友。有的老人甚至會因為失去寵物大受打擊而死去，這真的是很糟糕的事。

進入個人房間後，老人確認過浴室，浴室的門很寬敞，方便進入，也不需要把腳抬很高。這時，房間的門突然打開，護理師才敲門就馬上進屋。

老人氣憤地說：「請遵守敲門的禮儀，要得到我的允許再進來。」並將對方趕出去。結果，機構的護理師和照服員心想：「新來的入住者是個很挑剔的人。」

過了一陣子，工作人員來說：「我們要評估您的身體機能，依照評量結果決定該如何為您擦澡。」才剛入住心情就大打折扣，老人一口回絕：「我有基本的生活自理能力，不需要協助，請不用管我。」工作人員又馬上回：「我們不能放任您不管。」但是老人也很強硬：「我不想去就是不想去。」

於是工作人員在電腦中記錄：「有攻擊性，可能還有失智症傾向，說話像在威脅我一樣，必須找精神科醫師。」

老人為了轉換心情來到餐廳，要了一個玻璃杯，開始喝起自己帶來的紅酒。結果工作人員過來提醒：「這裡禁止喝酒。」老人說：「餐前喝酒是我五十年來的習慣，而且有益健康。」但是，工作人員只是一直強調必須經過醫師同意。

老人的人生失去了在晚上享受小酌的權利，但照理來說應該不會失去任何東西才對。

到了夜晚，照服員來了，對他說：「睡覺時間到囉。」「我每天晚上都是十二點睡覺。」「不行，睡覺時間到了，現在不睡覺我會生氣。」這樣一來，別無他法，他只好問：「那我睡前都要泡澡，可以幫我嗎？」對方卻說：「現在要泡澡？沒這回事！」

老人的習慣是每天晚上十點左右泡澡，十二點就寢。他就是一個人泡澡有困難，才想入住照護機構。就這樣，他失去在自己喜歡的時間泡澡、在自己喜歡的時間睡覺的權利。

心情極差，他想出去散步。走向大門，但是大門沒開，似乎需要密碼。護理師急急忙忙趕過來，即使他說：「我想散步。」但護理師的回答卻是：「因為安全考量，晚上大門會鎖上，不可以外出。」即使他要求對方告知密碼，得到的回應只是：「如果沒有和院長及醫師討論就不可以。」

但他很堅持。他假裝回到房間，然後偷偷從窗戶溜出門，因為他習慣星期五晚上一定要在外用餐。等他喝酒回來後，工作人員怒目相向。他心想：「又沒什麼大不了。」但總之先回應：「我知道了，我要去睡了。」這時工作人員發現他背後竟站了一名女性。

「她是誰？」

「我女朋友，星期五我會和她去餐廳吃好吃的，再去她家或是我家，然後兩人一起過夜，這是我們的習慣。」

「這裡不是賓館，禁止外人進入。」於是，老人失去和戀人度過歡樂時光的樂趣。

如何？我所敘述的內容，全是所有高齡者只因年紀到了而進入照護機構後的狀況。飼養小狗、小酌的樂趣、與他人會面、和戀人同床共枕，高齡者失去一般公民都不應該失去的權利，原因只不過是年紀大了。

也要尊重睡同一張床的自主性

我父親在二〇一四年聖誕節去世，他有重度的帕金森氏症。父親和母親非常相愛，七十年來都同榻而眠。母親有阿茲海默症，雖然我盡一切努力希望能夠讓她待在家中，但是仍舊有困難，最終雙親都入住照護機構。他們倆人七十年來都同床共枕，進入照護機構後竟無法如他們所願。

進入照護機構代表他們需要照護。雖然如此，但不得不讓相愛的兩人分開仍是有罪。不管在日本，還是在法國，誰都沒有權利拆散同床共枕的愛侶。但是，我們該如何改變這個普遍為世人接受的思維？這是一項要改變既有價值的議題。

日本大約有九十萬人住在照護機構（根據日本厚生勞動省平成二十六年〔二〇一四〕照護給付費用現況調查），這些人就很可能處於喪失公民權的狀況裡。我們不但沒有改變對高齡者的看法和概念，甚至持續剝奪他們的權利。

在照護的世界裡，大家也會高喊「重視尊嚴」，然而事實是，面對智力和身體都出現障礙的高齡者，我們正從這些人身上剝奪他們的權利。但人性照護法尊重與自由和自主性相關的一切權利。

照護者必須發起某種革命，必須翻轉心態，拋去固有觀念。不理解自由和博愛的真正意義，就無法尊重人該有的權利。

許多照護機構的就寢時間大約訂在晚上八到九點，新成立的機構也不太會打破這個固有觀念。

法國某家照護機構有一百位入住者。晚上很安靜，看起來似乎和其他機構一樣是晚上八點就寢。但是總聽到有笑聲從圖書室傳來，原來這裡晚上有夜間烹飪課程。集合在此的成員都是不習慣早睡的人，今天好像在做蘋果蛋糕，教室開到早上五點。

為什麼一定要讓平常凌晨三點入睡的人晚上八點就寢？實在很沒道理。

集合在這裡的成員幾乎都有失智症。包含失智症患者的入住者中，有二〇％的人到了晚上會感到不安。這種症狀稱為黃昏症候群，隨著太陽西沉，精神會開始亢奮，不安會讓他們出現各種失智症的行為症狀。為了消除不安，有人會不停走來走去；有人反覆唱同一首歌；也有人被恐懼心理所困無法動彈，窩在沙發裡，一動也不動。

無法忍受不安時會討厭孤獨，更不想一個人睡覺，此時如果來到烹飪教室，就一定有人可以一起度過。如果問他們：「來這裡要做什麼？」有些人可能會回答：「我不知道。」或許他們對烹飪本身並沒有興趣。

但是，即使如此也沒關係，大家可以一起開心度過這段時間。隨著料理一步步完成，有些人漸漸有了睏意。工作人員除了會帶這些人回房間，也會帶往附近的沙發，他們並不需要非得回床上睡覺不可。

這家機構尊重人的自由和自主性。可惜，這樣的機構在法國仍屬少數。但是，你不覺得這裡所做的事很正常嗎？

東京新宿的夜晚仍有許多人潮，看著這些還在活動的人，你不覺得，只是因為年紀大，就規定所有高齡者晚上八點一律要上床就寢很奇怪嗎？有些機構甚至還會請他們服用安眠藥。這都是為了讓高齡者遵從我們擅自立下的規定。有人想在規定的時間睡覺，也有人不想，只要分開住，彼此不要影響就好了。

導入人性照護法的機構，不會強迫照護。如果入住者有養小狗，就讓牠和主人一起生活，入住者要和戀人同床共枕也沒關係。只要安排一百四十公分寬的大床就好。依個人喜好，他們可以在二十四小時內的任何時段用餐。幾乎大部分的人都會在同一時間去餐廳用餐，但也有人到半夜才會肚子餓，晚上有工作人員會為這些人出餐。患者如果要在半夜兩點淋浴，照護者也會從旁協助。這些大家或許很難相信，但是法國有家照護機構實際做到這些照護，而且夜間職員與入住者的人數比，比日本的機構還少。

尊重自主性。這是照護機構透過一些方法能實現的事。因此，有必要重新審視過去照護的想法和哲學。

重新審視傳統的照護哲學

全世界有許多人寫過與照護哲學相關的書籍。在歐美，維吉尼亞・韓德森（Virginia Henderson）的《護理基本原則》（*Basic principles of nursing care*）是照護哲學的基礎。韓德森定義了「人的十四項基本需求」，從這個想法衍伸出護理師的任務，就是照護無法自己達成這十四項基本需求的人。

這些需求由身體出發，飲食、排泄、呼吸是基礎。接著是溝通的需求，最後是自己思考行動的自我實現。

韓德森的理論可稱為人性照護法之母。雖然是六十年前的著作，至今依舊深深影響著照護的世界。

但正因為如此，韓德森列出的十四項需求對照護者來說，很可能會變成問題。不知不覺間，飲食需求成了「攝取適量碳水化合物」之類的營養學內容，或是成了「如何協助用餐」「如何補充水分」之類的技術理論。用這些做為基礎規範護理師的照護內容，也不會讓人覺得有問題，反而覺得是不錯的想法。

這正是陷阱所在。

不只在日本和法國，許多國家的照護人員都表示：「實在很忙，沒有充裕的時間做好照護。」那麼，如果忙到時間不夠時，該怎麼辦？照護者決定排出優先順序，先做可以做到的事。於是，他們優先選擇處理生理方面的需求。

大家發現了嗎？這裡說的生理需求，和我們飼養貓狗所做的事是一樣的。根據優先順序，只專注在生理需求，我們照護的只不過是人類需求中動物性的部分，談不上是對人的照護。

我曾經比較過法國護理師用在照護記錄上的電腦軟體和獸醫用的電腦軟體，發現雙方使用的軟體是一樣的，記錄的內容也幾乎都相同。也就是說，記錄的主要內容都是進食量、飲水量、排尿量和大便的軟硬度。

照護不只受到各國文化的影響，也可能受到普世觀念的束縛。韓德森的理論非常好，但是隨著時代變遷，根植於她的哲學理念的照護——「只要滿足十四項需求」的想法，已經變得過於狹隘。

和韓德森的理論同樣影響照護相關人員的，還有心理學家亞伯拉罕．馬斯洛提出的需求五層次理論，也就是所謂的「馬斯洛需求」。他和韓德森一樣，認為人的基本需求是「從生理需求到安全需求、社會需求、尊重需求和自我實現的需求」。

他將這五項需求以金字塔形狀表現，連護理學校也以此為人類本質的模型教導學生。但我反對這個說法。

首先，金字塔表示的是什麼？表示從生理需求到安全需求、社會需求、尊重需求和自我實現的需求有層次之分。

也就是說，如果不能滿足基本的生理需求，就不能前進到下一個層次。因為需求有層次之分。這種想法已不符合時代所需。

在法國，因為缺乏愛而死亡的人遠比餓死的人多。日本的自殺人數一年高達約三萬人，難道他們是因為饑餓而死？不是，恐怕是因為孤獨。生理需求即使滿足，我們卻不算活著。所以這個模型脫離現實。

假設，你決定入住照護機構。工作人員基於馬斯洛需求理論把你分類，認為照護你的重點在於讓你正常進食、攝取營養，還有正常排泄。但是，僅僅如此還談不上是照護。這只是在監看進食到排出的過程，宛如解決水管堵塞的工程。說穿了，即使對你來說飲食很重要，但是或許對某些人來說讀書更重要。

如果從這個角度來思考，你最看重的事就不一定是別人最在意的事，每個人都有「屬於自己的關鍵基本需求」，而且它們的共通點是「自由」。自由讓我們感覺活著。

照護有層次之分的想法根本就不合理。不根據實際生活而只憑空思考需求時，就會陷入金字塔結構優先順序的陷阱，但現實根本不是這樣。每個人的優先順序不同，我們都是為自己珍惜的事物活著。我的朋友為了捉蝴蝶飛往世界各地，你很難將他套入照護哲學的框架。但如果將他的蝴蝶奪走，等同宣告他的死期。

實現自主的依賴形式

照護的哲學，不該只是為了滿足被照護者的生理需求，還必須包含能讓他們自主生活的部分。因此，照護者必須努力，讓失智症患者、身體機能衰退者能跟過去一樣生活。因為這其中包含了價值。

社會存在各種價值，在人性照護法中提到的是自主、自由和依賴。我們必須依賴他人生活，我將這點也視為重要的價值。而依賴是為了能達到自主，在這個概念裡蘊含人性照護法的革命精神。

大多數人會認為依賴是沒有價值的，應該避免。但是在人性照護法中，我們不將高齡者的依賴視為負面，我們認為，正因為依賴，所以才有力量。

例如，我到日本舉辦培訓和演講時，因為不會說日文，通常都得仰賴口譯人員。有她的協助，我才能與人交談。對我來說，依賴口譯人員是有正向價值的，她讓我做到原先做不到的事。

如果她將我說的內容譯錯，我和她之間的依賴關係就成了一場悲劇。但如果是很頂尖的口譯人員，我的依賴就成了一段美好的關係。

如果沒有口譯，不會有依賴關係，我也完全自由。但是如果沒有這份依賴，我就不會在日本出書，也無法和日本人相互了解。

也就是說依賴是有價值的，重點在於「要依賴誰」。很多人將生病與依賴混淆。沒有人希望生病，但是生病的結果是有時需要依賴他人。若患了重病又拒絕他人的協助，就會面臨死亡。為了尊重你的自主性，為了讓你實現自主，需要有人幫助你，你依賴的是這一點。「要依賴誰」？你要依賴可以幫助你實現自主的人。

假設我生病，讓我實現自主的協助，不會是不和我說話的照護，也不會是讓我感覺疼痛的照護，更不是會約束我身體的危險照護。執行這些照護的人和我之間只會建立負面關係。我需要的照護正好相反。我之所以在人性照護法中將依賴視為重要價值的原因是，如果我們失去依賴關係，就失去了連結。建立關係的連結讓你我相連，而失去連結，人會變得孤單。人性照護法就是連結的哲學。把「要依賴誰」換句話說，就是「如何建立正向連結」，這是正向依賴的思維。

我不打算過隱居深山的仙人生活。我所重視和賦予我價值的事，不存在於如佛陀之類獨處的思維中。我的價值是透過與他人的連結產生，並且存在於這些建立的連結中。依賴是一種幸福的狀態，人如果要在社會中生存，絕不可缺少依賴。

我的人生目標不是脫離世俗，而是與世俗連結。生活在這個世界的所有人如果牽起彼此的手，就不會手握武器。

我的想法可能和亞洲人理想中希望藉由孤獨頓悟，藉此從一切脫離、獲得解放的思維完全相反，而是傾向西方思維的浪漫想法。我希望在和他人建立關係時，更加豐沛自身的情感。我想成為的人是能和疼痛的人一同哭泣，和喜悅的人一起開懷大笑。如果有人不在了，我會覺得寂寞。因為我無法獨自生存。

人生充實的瞬間，不就是愛著某人的時刻嗎？當疼愛小孩、丈夫、妻子時，會有一種能自主和振奮的感覺，覺得「這就是我」，美麗、強悍又細膩。這是有依賴關係才能體會到的感受。

身體的依賴並不妨礙個人自主

我們總是動不動就說出「自主」的字眼，然而究竟什麼是自主？一般人會想到的是心智，而非身體。我想將自主定義為「有可自行選擇的能力，或是處於能進行選擇的狀態」。

例如，你住院後四肢麻痺。我是照護者進入你的病房。你對我說：「我想看電視，可以幫我打開嗎？」我按下遙控器開關，接著問你：「請問想看哪一台？」你回覆我：「我想看ＮＨＫ。」而我幫你轉台。

你的身體狀況讓你無法自行按遙控器，這點很容易讓人視為「無法自主」。但是你是自主的人。因為是你想看電視，你想自己選台。這時照護者存在的意義是什麼？護理人員是代替你的手，因為你無法使用雙手。

在你無法用雙腳步行時，我就充當你的雙腳。照護者的任務不是「代替你下決定」，而是要協助你自主。在接到委託的依賴關係中，我們為了你的自主而行動，這就是照護者的職責。

現在，照護者大多數的問題在於，當患者身體無法自行活動時，照護者會將身體上的依賴關係，也視同心智上的依賴。這是個極大的誤解，是很容易掉入的陷阱。

照護機構的工作人員為何會要求入住者在規定的時間就寢？這是因為對照護者來說，這樣他工作比較有效率、比較輕鬆。入住者一旦身體有障礙，就被人剝奪了自主性。

即使你現在是和伴侶同床，但一旦入住照護機構，失去在家生活的能力，工作人員就會強制要求兩人分床睡，因為他們判定你大概已經無法自主。

尊重自主性，這是人性照護法最重視的價值。所謂的自主性，就是為自己自由選擇的能力。但是，一般而言，只會在本人心智正常時尊重他的自主性。

原來是這樣啊！根據字典對自主的定義，那就是選舉時能決定投票給誰和為自己選擇穿搭，要能做到這些事才被視為「能自主」。失智症族群很難做到這些。如果是這樣，人性照護法想擴大自主的定義。

如果你可以傳達自己的意志，或我們可以理解這項意志，那你就是自主的。表達方式不限於語言。如果照護者能夠掌握你想傳達的事項、你的意志，在這樣的狀態下，就必須尊重你的自主性。

我認為無論處於哪種情況的人，都能夠表達他的需求和喜好，因此，我提倡直到一個人臨終之時，都必須尊重他的自主性。

這是誰的現實？

在某家醫院拍攝的影片中，記錄了阿茲海默型失智症女性淋浴時的景象。照護者溫柔地詢問：「很暖和吧？」「很舒服吧？」但是她卻大叫：「你為什麼這樣對我！」「一點也不暖和！」

這讓照護者很困惑，一副很受傷的表情。因為對方完全不接受自己出於善意的行為，拒絕自己的照護。

這位女性認為自己的年齡是十三歲。她知道自己在洗澡嗎？她或許也不知道自己身體髒了，所以照護者才幫她洗澡吧！還是她根本就不知道什麼是照護者，也不知道自己身在何處。

對她來說，這是個好地方嗎？會是她希望待的地方嗎？不是。她已經完全表現出：「我不希望你們做這些事，我不喜歡。」

如果她能用口語清楚表達，恐怕會說：

「現在請立刻停止，我不想洗澡。」

面對大叫的她，照護者一副深感抱歉的樣子，然而卻沒有停止幫她淋浴。持續對他人做他討厭的事，是一種酷刑。當然，照護者不會認為幫患者淋浴是一種酷刑。因為照護者對自己擁有一切權利卻沒有自覺。

這表示照護者不知道什麼是尊重患者的自主性。儘管任何人都能明白看出，這位女性不希望這樣的照護。

和這位女性一樣，在阿茲海默型失智症高齡者出現這樣的舉動時，我們內心想的是：「這個人的認知有問題，在她所認為的現實和我們照護者的現實裡，我們的現實才是對的。」換句話說，我們的結論是，這是妄想和現實的差異。

因為我們沒有失智症，我們和她的現實的確不同，但這不正是問題的本質嗎？小狗也生活在跟我們不同的現實中，但是我們不會去戳小狗的痛處。

我們相當堅信患者的主張不符合常理，我們照護者的作法才合情合理。然而高齡者所謂的現實並不奇怪，我們所謂「這才是現實」的想法才奇怪。

什麼是現實？就是用「不可以做這件事」「禁止做這件事」的想法構成的。如果是這樣，就必須先改變我們認為正確的現實。不自我懷疑的人，正剝奪這位女性患者的自主性和屬於她自己生活的權利。這裡的現實是我們腦中創造出來的瘋狂世界。

在法國，每天有兩萬五千名高齡者被強制照護。照護者一點都不認為自己有虐待的行為，都堅信自己在做好事。對照護者的現實而言，重要的是依照行程完成工作，不為其他工作人員帶來困擾，並且對應患者家屬的期望。

但這不是被照護高齡者眼中的現實。以前面提到的女性高齡者為例，她一點都不想淋浴。在她的現實中，自己遭受暴行，深感恐懼，正在求救。她流露極度驚恐的情緒，為了想逃離這樣的驚恐而用盡全力，所以她大叫，自我斷絕與外界的接觸，眼睛閉起、手腳縮起、陷入沉默。這是她為了保護自己的防禦動作。

在人性照護法中，原則上絕對不強行照護。

人性照護法會依據這位患者的現實而行動。她感受極大的痛苦，以明確的態度表示對此「厭惡」。照護者沒有剝奪對方自主性的權利。

或許有人認為尊重高齡失智症患者的認知，就無法完成照護工作。但是所謂依據她的現實行事，並不是要放棄照護的必要性，因為維持身體清潔很重要。

我希望大家能認知一個前提，在人性照護法中，要尊重對方的選擇和自主性。

我們必須對此真摯以待。

正因為如此，我們要思考的是可以讓她平靜淋浴的方法。我們必須找出徵得她同意，順利照護的方式。我們擁有這個可能性和能力，以更人性化且不同以往的做法來照護。

改變接近患者的技巧、更換負責的照護者、改變淋浴的時段、白天不行就改晚上照護，以對方的自主性為第一考量。

這表示，患者自己必須先要有想淋浴的意願。因此在人性照護法中，照護者必須事前完整計畫，為照護預先準備。

讓我們接續前面高齡女性的話題。幾天後，接受過人性照護法培訓的照護者為她淋浴照護。照護者問她：「這個溫度可以嗎？」對方回答：「剛剛好。」「以前我會哭成那樣，是因為覺得害怕。」這是一名重度失智症患者，但是她知道正發生、已發生在她身上的事，以及自己周圍的現實狀況，而這些連同伴隨著情緒的記憶，都記得一清二楚。

相信建立連結擁有的價值

我想再多談談這件事。

在我們判斷自己的現實為對，對方的現實為錯時，是誰握有決定權呢？用我們的現實為標準判斷時，這名高齡失智女性失去了權利，兩方變成只有一方有權力的關係。換句話說，變成了「支配與被支配」。人性照護法尊重自由，如同前面所說，不會出現必須服從強者的情況。

這樣一來，該怎麼做才好？不陷入角力關係的方法只有一個。被照護者和照護者之間要建立連結，如此一來，對方就會接受淋浴。這是為什麼？因為被照護者喜歡照護的我們，所以願意一起來到浴室。這種連結帶來了正向的依賴關係。

面對不想接受後續照護的人，如果我們表示「我是為你好」並且強行照護，你認為對方會喜歡我們嗎？如果我們不溫柔以待，不會被對方喜歡吧？

那麼，面對回絕一起散步邀約的高齡者，我們又該怎麼做？首先，可以向對方說明用雙腳站立的重要性，接著說：「希望你能為我一起去，我會很開心。」但即使這麼說，對方也還是可能堅持拒絕。這時可以說：「你這樣下去可能會長期臥床哦，我覺得你會覺得後悔，我也會很難過。」但是我們沒有強制要求對方的權利，不論如何，選擇權都在個人。因此我們才要用盡全力、想盡辦法，好讓對方願意和我們一起站立。這是要確保這個人在依賴關係中的自主性。

「人皆生而自由，在尊嚴及權利上均各平等。」

在人性照護法中，這句《世界人權宣言》並非虛幻的理想，而是透過伴隨技巧的哲學，要努力實現的目標。人不是物品，但是高齡失智症患者絕大多數被像物品般對待。

人性照護法是一種為了找回人性的哲學。待他人像物品時，這麼做的人同樣失去了人性。希望被對方視為人，自己也要將對方視為人，這就是人性照護法的理念，當中蘊含了價值。

從性需求就能一窺究竟

蘿賽特和我都希望高齡者能二十四小時都感到幸福。但照護的時間大半都耗費在身體清潔上，所以人性照護法很重視這段時間，希望能充分運用。

可是，現在仍有無法照護周全的領域，那就是高齡者的性需求。性行為是人生的一部分。雖然有些人不太注重，但是有些人到了九十歲，依舊一直很關心自己的魅力和欣賞他人的魅力。

儘管性行為在人生占有很重要的位置，但一旦步入高齡，來到照護機構，「就等同宣告結束」，這是件奇怪的事。而且進入照護機構後，照護者對待高齡者就會像無性別似的。只有天使才沒有性別。但在照護界，高齡者的性仍是一種禁忌。

高齡失智症患者在房間中有自慰行為時，照護者會進入房間，視情況有時會將高齡者的雙手綁起來約束。但是，就連監獄裡的殺人犯也不會被綁住。照護機構會採取的另一種措施，就是讓高齡者服藥抑制性欲，這是一種化學去勢。會採取這些手段，是因為照護者沒有學到如何對應性需求的方法。

人有需求，其中當然包括性需求。碰觸所愛之人的身體就會感到快樂。人類性行為的目的不僅是為了繁衍後代，有時性需求是基於「擁抱讓人感覺放鬆」，讓內心感到療癒。

人一旦接受照護，就必須禁止性方面的需求，我認為這是人道問題，是罪惡的事。但我也不能說這個想法是完全正確的，也只是我個人單方面的意見。只是人一旦步入高齡，就被視為沒有性需求，我認為這完全表現出無視對方的自主性。

為什麼不能準備雙人床

在二〇〇五年造訪加拿大時，我曾和入住者超過百人的長照機構代表會面。我向他提出一個問題：

「你們的機構有能調整高度的雙人床嗎？」

他回答：「沒有。」

我在當地見過許多照服員，他們大多數也都不知道有可以調整高度的雙人床。我在剛接觸照護時就已經知道有這種雙人床。這種床不僅只可以雙人使用，也可以讓體型極度肥胖的人使用。

如果是太胖的人入住，機構的人就會突然變聰明，懂得臨機應變。大家明明可以想出配合肥胖者的解決對策，但在伴侶入住時，卻沒有人想出相同的解決方法，腦中某處似乎仍停留在修道院般禁欲思維。你曾經在醫院看過有伴侶躺在雙人床上嗎？

但即使提出這個想法，也會得到這樣的回答：

「因為女士總是失禁，我們有衛生上的考量。」

但實際上，直到一週前，兩人在家都還同床共枕，所以明明依照相同的方式處理即可。這不是真正的理由，真正的理由存在歷史和文化中。讓我舉兩個例子當作佐證吧。

在法國的醫院或照護機構，即使伴侶要求睡雙人床，九九%得到的回覆都是「不行」。然而若同樣是高齡者來到飯店，向飯店要求：「請給我一間雙人床的房間。」飯店就會回覆：「沒問題。」並且為你介紹。飯店人員不會干涉顧客的性需求，不會拆散伴侶。飯店不會管理顧客的性行為，因為出借的房間屬於付費者的私人空間。

但法國的法律明訂，照護機構的房間屬於入住者的私人空間。就像租賃公寓一樣，入住者是租借照護機構的房間，所以情侶本來就可以同床共枕。但是照護者卻認為自己有權干涉高齡者的性行為。這是文化造成的問題。

還有另一個例子，我在某場研討會中簡報虐待的相反——「善待」時，曾發生一件事。我在研討會中表示：「如果伴侶希望，就算是照護機構也可以安排雙人床。」坐在一旁的男性精神科醫師卻生氣地說：「請注意您的發言，照護機構不是性交易的場所，機構的負責人不是皮條客。」

我當場對他這麼說：

「妓女工作應該有金錢交易吧！您和夫人同寢時需要付費嗎？我是沒有啦。所以照護機構不是性交易的場所，請不要這麼比喻。」

但他仍不肯認輸，說：「你不認為你的提案對照護者來說太暴力了嗎？如果照護者都接受過性知識的訓練，我認為才可以接受這樣的想法。」所以我就提議：「你說得很有道理，那我們就一起合作成立一個相關的專案吧。」

直到約二十年前，人們都認為六十五歲以上的人就自然沒有性行為。因為也沒有人特別研究老年人的性行為，我在網路上發表了關於高齡者性行為的文章後，被加拿大節目的邀請，讓我有表達意見的機會。但大家也只是略微聽聽我這位非專家的意見，關注這個問題的人依舊寥寥無幾。

與當時相比，現在人們已經比較了解高齡者也有性需求了。不過，我想推廣讓高齡者幸福的觀念時，和之前相同，依舊有人難以接受高齡者也需要性的這個觀念。

例如，若是對飯店清潔人員說：「你有必要進行性教育。」他一定會覺得莫名其妙吧。清潔人員並不需要特意接受訓練去意識床上會發生的行為，也能完成工作。

但是，一旦冠上照護者之名，「就必須重新接受性教育」，到今天竟然還有人認為這是理所當然的事。這種思維的底層，依稀殘留著照護是神職人員的工作的文化遺風。因為我們至今依舊被它牽絆，所以將性排除在外。

照護者不會抗拒清洗私處。他們介意的只是其中摻雜了性的意味，不喜歡機構沾有性的色彩，或是不喜歡即使不與自己相關，但關著的門內卻有與性有關的事。正如前面的精神科醫師所說的——「你不認為對照護者來說太過暴力了嗎？」因為他們覺得被冒犯。

我覺得這就是問題所在。為什麼場所不同就覺得不喜歡？就覺得被冒犯？我認為有必要予以分析。

讓我們來探討一下這個情況，然後你可能會發現，或許這些既有的想法只不過是習慣帶來的束縛。

至今提到的都是男性高齡失智者的案例，當然也有女性的案例，事實上這方面的報告更多。

我們曾有下面的經驗。有位九十多歲的女性總是頻繁自慰，將瓶子或棒子放進陰道內，相當危險。照護機構的工作人員因為擔心她受傷，將她的雙手綁起來。這對工作人員來說已經是最體貼的解決方法了。

之後，人性照護法團隊介入。你覺得我們提出什麼樣的解決方法？有位成員想到可以買情趣用品並且向她提議。結果她回答：「我想要。」護理師買來當成禮物送給這位女性時，她開心地大叫，聽說之後還問：「請問有附上一起使用這個情趣用品的男人嗎？」

不要約束身體、不要無視性需求，而是要提供對方需要的照護。照護者是否能產生這樣的創意關乎個人的「解放程度」。總之，這些創意會隨著你對自由的渴望來報到。

權力和從權力中解放

前面的內容中提到一個共通點，就是照護者擁有權力，因此很容易陷入要管理患者或入住者的想法，並且無限循環。人性照護法尊重個人的自由和自主性，所以重視連結。

我要管理你——只要有這個想法，就會和對方產生角力關係。而人性照護法建立的是人與人的關係。為此，你必須將至今擁有的權力擱置一旁。如果你不這麼做，就無法靠近眼前的人。或許你沒有發覺自己是擁有權力的人，而這正是改變的關鍵。

我曾說過依賴是一種價值。許多照護機構為了要讓高齡者開心而舉辦音樂會，但是他們真的樂在其中嗎？

日本某家長照機構，是由住在裡頭的高齡者規劃讓當地居民開心的活動。因為讓當地居民感到開心，高齡者也才能開心。這個活動讓高齡者充分展現出自主性。

他們提供磨刀的服務、幫忙修剪樹木、讓當地居民在機構內舉辦婚禮。聽說有人還為了新娘，用窗簾做了一件婚紗。雖然這些高齡者都有失智症，但是當地居民都表示：「如果不說，根本看不出來。」

這些高齡者有能力讓他人開心。在這種相互依賴的關係中，有沒有失智症並不構成問題。我需要你，你需要我，這種相互依賴的關係無法以權力為基礎誕生。

在高齡者為他人創造幸福感和充實感的連結中，照護者會獲得釋放。如果高齡者能展現自主性，為自己以外的人做事，那麼，直到臨終，他們都能活得精采又有活力。

反過來說，會有殺人事件的發生，也可以說是起因於擁有權力。傷害他人的人是透過力量宣示「自己比對方強」。這樣誕生的角力關係也會出現在照護現場。一旦你站在無法保護自己、沒有力量的人面前，你就有了無上權力，這時就很容易發生虐待事件。

當一個人只能靠依賴的方式生活，就會將權力拱手讓給對方。古時候向國王伏首稱臣，就會得到施捨，病人遵從醫師的指示也和這個一樣。這種依賴者將權力讓給對方的狀況被視為是理所當然的。

自願向強者低頭的原因是什麼

在法國有提供總統和內閣官員入住的醫院。住院的總統會按下通知鈴，詢問護理師：「我想去洗手間，可以嗎？」即使身為總統，只因為處於完全依賴的狀態，就會變成這種上對下的關係。

如果我是將軍，在下令「攻擊」後，如果每個士兵都往反方向走，那還需要將軍嗎？將軍就沒有必要存在了。

但是現實往往並非如此。弱者會仰望有權力的人，陷入一種角力的關係，從而演變成將權力拱手獻給對方的狀況。

這是二十年多前的事。當時我正著手一項收集各種手術影片的企畫。有一回，我拍攝一位手術中麻醉狀態下患者的影片。一開始我看不出醫師在做什麼，一陣子之後，看到醫師將女性病患的腳切除。

實際上，這名女性不知道正在進行手術，甚至未被告知將切除她的腳。主治醫師雖然決定「只能切除」，但並未事先告知患者，因為「反正她眼睛一睜開就知道了」。這令我震驚萬分。這名女性三天後就過世了。

若是現在，絕不容許醫師未經病人同意就切除對方身體。但即使不是如此極端的案例，身為照護方的人手握強權、剝奪對方自主性的結構至今未曾改變。

治癒疾病的人是患者自己

照護者必須要有自知之明，然而這份自知之明要從哪裡來呢？

照護的哲學有很多種，不只有人性照護法。大致來說，照護者面前有兩條路。一種是治療，患者受傷了給予包紮、提供治療；另一種是照護，清潔身體、協助進食或穿衣梳理。

在人類的歷史中，照護的行為一直存在。母親照顧小孩、女兒照顧年邁的雙親，如此不斷延續。之後西元前五世紀醫學誕生。

醫學的建立，建構出醫師「治療」的權力。因為醫師救人的行為宛若天神，因此有了無上權力。接著護理、照護誕生。當初護理師可謂醫師的左右手，無論醫師還是護理師都繼承了治療的權力。

我擁有治療你的力量，你被稱為「我的患者」，也就是屬於我的，是我的所有物。我的患者死亡時，我會悲傷，這份悲傷中摻雜了不滿。因為我的所有物被搶走了，這是一種權力被侵犯的感受。

下面是某位外科醫師的真實告白：

「我會前往手術順利、已經治癒的患者病房，明明不需要也會去；但是我卻無法進入治不好的患者病房。」

並不是因為患者很可怕，而是患者的死亡代表自己的失敗。因為當時的他認為「自己可以治好患者」，所以難以面對失敗。他自我反省：「這是一種錯誤的思維。」

在人性照護法中，不存在治療，因為我們所能做的只有照護。

我們照護患者，醫師給予藥物。如果患者恢復健康，也不是醫師治好患者，而是這個人治癒自己。如果認為這是醫師治好的，那麼，對疾病情況相同的人給予同樣的診療，如果一個痊癒，一個死亡，那麼若是對第一個人說：「我治好了你。」對第二個人就必須說：「我殺了你。」因為醫師做的是相同的診治。

保持「哲學的距離」

患者是獨立個體，不是我們的所有物，我們對他或她沒有任何權力，也沒有治療他們的能力。我們有的只是盡力做好分內工作，僅此而已。

在人性照護法中，照護者和被照護者之間是有距離的，這種距離我稱之為「哲學的距離」。

我前面曾說過，我們和被照護者之間不應保持適當的距離，「唯有靠近」，這兩者看來或許互相矛盾，但是，所謂「哲學的距離」是指「對方不是我的所有物」，而是要將他當成獨立的個體來尊重。

如果我們和被照護者保持適當距離，我們會視對方為我的所有物、我的一部分。因為有距離感，所以我會單方面地操控、管理對方，也等同不承認他的獨立性。

相對於此，如果採取「哲學的距離」，對方就是獨立的個體。因為有這個哲學的距離，即使帶著情感接近也沒關係。這種情況下，保持適當距離的操控概念已然消失。這個概念和之前提到保持距離的做法截然不同。

舉個例子，想為極具攻擊性的人擦澡時，只要我觸摸的方式不對，對方就會大叫，身體變得僵硬。每次我照護時，對方就會對我有負面情緒。

而我又會有什麼感受呢？如果我的手接收到的資訊是「這個人討厭我觸摸他」，我會否定自己的行為，覺得一定是我哪裡做錯，自然也會產生負面的情緒。

工作結束後離開工作現場，遇到同事。

「今天〇〇先生／女士還好嗎？」

「嗯，還好，我有把工作完成。」

理性告訴我：「我有好好工作。」我更換了點滴，為了不讓患者拔掉點滴，我還約束了他的手。理性的認知是正向的，但情感的認知是負面的，自身的思維和感受相衝突。雖然嘴巴說：「很順利喔」，內心卻在說：「才不是」，產生了自我分裂。

這樣能量就會逐漸耗盡。

為避免這種情況，唯一的解方是什麼？那就是把「想善待對方」以及「想認真工作」的價值觀做為前提，然後執行。為了做到這一點，我們需要可指導的哲學和將之實現的技巧。

尊重自由和自主性。當自己重視這些價值並實踐，就能走上一條與倫理道德相合的道路。

例如，我主張的正向價值觀是「我想成為一名好護理師」，自認能很有技巧地處理工作，能讓患者覺得放鬆，這樣我也會有好的情緒感受。

想法和實際行動一致，重視的價值和產生行動的價值一致時，我會覺得「我在做全世界最美好的工作」。

如果對被照護者做出不好的事，等於對自己做不好的事；如果善待對方，也是在做對自己有益的事。

言行必須一致。倫理正是讓我們朝向一致的道路。曾經我以格鬥技納爾遜式鎖[1]固定住某位高齡女性，才能在沒有麻醉的情況下割除她身上的褥瘡，這時我原本抱持的價值觀和產生我行動的價值觀，有了極大鴻溝，產生了衝突，讓我夜夜哭泣。

我們照護的目的是什麼？為被照護者清洗身體是為了讓健康的部分更健康，希望讓對方的身體狀況能治癒疾病，讓身體健康的部分治癒生病的部分。

受限於自己擁有的權力，就無法靠近對方、喜歡對方。但若完全放棄權力，連結產生，就可以真正喜歡上對方。

喜歡的人過世，是令人悲傷的事。但是無論被照護者是治癒還是死亡，都不是因為照護者的緣故，照護者不會因此失去什麼。

因為他已是高齡者、因為他已經是老人——我們的社會提出各種理由，促使人放棄讓人過得像人的自主生活，而且彷彿一切理所當然。

人從出生到死亡，不斷地在變化。年輕時可以做到的事，老了無法做到，這也是一種變化。但是不變的是人依舊是人，變化中依舊保有一貫性。透過權力看人，就會看不到這個一貫性，覺得高齡者什麼也不會，只是老人。但是當聚焦於他的生命之時，即使做不到的事不斷增加，他依舊是人，不會改變。即使依賴誰，直到死的瞬間，他都是一個自主的人。

1 納爾遜式鎖的格鬥技，是雙手由對方背後穿過他的腋下，再緊扣於對方後頸，使對方面朝上，無法動彈。

第四章

照護者是什麼

照護者的定義

演講時，我會讓聽眾看照護高齡失智症患者的影片。一開始我會只播放聲音，影片中的女性一直發出尖叫，喊著：「住手！」聽到這裡，我向許多護理師和照服員提出相同的問題：「大家覺得現在發生什麼事？」

大家的回答很一致：「被嚴刑拷問。」

接著，我讓影像同步出現。其實影片中的畫面是照護者正為患者淋浴。接著我又問大家：「假設各位不是照護人員，你們看到這個景象，會覺得他正在做什麼？」，大多數人都用「暴力」或「虐待」來形容這個行為。

照護者並沒有虐待的意圖，但對這位高齡女性而言，她只覺得有人正在殺死自己。這是她的現實。照護者可以讓自己的小孩和家人看到這樣的影片，並驕傲地說「這就是我的工作」嗎？我想應該會猶豫吧。但是像影片中這樣的場景，是醫院和照護機構中習以為常的景象。

照護者不但不是在嚴刑拷問，更不是虐待者。為避免發生這樣的事，必須定義「什麼是照護者」。我們的工作是什麼？介入的範圍到哪裡？人性照護法的哲學可以回答這些問題。

照護者是專業工作者，是為健康有狀況的人提供以下的服務：

等級一　以恢復健康為目標
等級二　維持目前機能
等級三　無法達到上面任一項時，陪伴至臨終

首先，等級一是「以恢復健康為目標」。例如，你被診斷罹患了肺炎，醫師開立藥物。幸運地，你的肺炎痊癒了。這裡採取的照護是以改善你的健康為目標，這就是等級一。

其次是等級二的「維持目前機能」的照護。例如因腦梗塞右半身麻痺，已不可能恢復到之前的狀態。但如果因為右半身麻痺而長期臥床，那麼原本健康的左半身

肌力也會衰退，可能會變得無法站立。為避免這樣的情況，並保有現今尚存的功能，要進行復健等照護。

最後等級三是「陪伴至臨終」的照護。患者的症狀一天天加重，有可能無法恢復健康，也無法維持健康。例如，癌細胞已轉移至全身，無法積極治療。這時候照護者要給予溫柔與關愛的陪伴照護，讓對方避免痛苦、平靜地度過最後的人生。等級三的陪伴照護不只是臨終前數個月的緩和照護，有些案例甚至陪伴了五年或十年。

重要的是，無論多完美的照護，如果沒有配合被照護者的等級就沒有意義。例如，我因為手臂骨折來到醫院，醫師說：「腳底按摩超級舒服，我就幫你開立這個處方吧。」你覺得這位醫師提供的照護等級如何？當然腳底按摩很舒服，但這是屬於等級三「體貼陪伴」的照護。但我是為了治療手臂來醫院，也就是說，等級一的照護才是我需要的。這種狀況就是被照護者需要的照護等級和獲得的照護等級不一致。所以，照護時首先必須要問，是否提供了與對方狀態一致的照護。

以我的經驗，被照護者有九〇%都未得到適當等級的照護。例如，照護者為了讓患者在床上擦澡，又為了不要讓他拔鼻胃管而約束他的身體。到了復健時間，讓患者坐上輪椅移動到復健室，到達後再請患者步行。復健結束後，又讓患者坐上輪椅回到病房，移位到床上後再綁住對方，讓他在床上接受所有照護。

究竟步行訓練是要幫助什麼？應該是為了讓患者能自行走到盥洗室所進行的復健。這就如同明明是要請人修理引擎故障的車子，但是對方不處理引擎，反倒幫忙洗車，還打磨得亮晶晶後交還，根本沒有維修引擎。修車的人沒有設定正確的目標，所以導致這種結果。

以在床上擦澡為例。讓患者躺在床上，為他擦澡，屬於等級三的陪伴照護。但是如果患者可以站立四十秒以上，就可以請他抓住床邊站著，為他擦拭身體。如果有四十秒就可以擦拭私處，擦好後再坐下。如果能讓患者站著、坐著交錯配合擦澡，他就不會落入長期臥床的狀態。如果站立姿勢可以維持一分鐘三十秒左右，就可以協助他步行到盥洗室。

若將舒適當成第一考量，持續採取等級三的陪伴照護，讓患者躺著擦澡，那麼不久的將來，這個人就會無法自行站立。我們就這樣毫無自覺，一點一滴「奪去」他現在擁有的站立能力。而「奪去對方能力」的這個目標，不屬於等級一「恢復健康」、等級二「維持目前機能」、等級三「陪伴至臨終」的任何一項照護。

讓我們再進一步看看這個例子。如果第一天讓他站立擦澡，第二天也一樣站立擦澡，這是等級二的照護，和前一天一樣是為了「維持機能」而站立擦澡。但並不是止步於此，第三天請患者繞著床邊行走，之後更提供協助讓他能走到盥洗室。每天持續一點一點拉長步行的距離，這就成了等級一「恢復健康」的照護。

曾經在我舉辦培訓的機構裡，原本大約有三成的入住者在床上接受擦澡，在工作人員學習人性照護法之後，已沒有入住者在床上接受擦澡照護。也就是說，工作人員都會自問「這個人需要哪一種等級的照護」，並且付諸實行。

為了讓照護採取適當的等級，照護者事前必須要有明確的目標意識：「現在我在做什麼？」雖然我一再重複，但是照護者必須是「不奪取對方能力的人」。

眼睛看到的是對方而不是疾病

這是我拜訪過的日本某家醫院的實際案例。一位高齡失智症患者一個月之前住院。她無法自行進食，插了鼻胃管。而且她口中有潰瘍，必須進行口腔照護，但她卻拒絕一切照護，毆打、踢踹他人，沒有護理師能接近她。因為長期臥床，她還有褥瘡，狀態非常不佳。

在這種情況下，學過人性照護法的護理師開始嘗試接近她。護理師按照護原則從背部而不是從臉部開始觸摸她。目的是口腔照護，但護理師運用人性照護法中身體清潔的照護手法從背後開始。這是為了容易進行口腔照護所需要的準備。雖說是必要的照護，但對患者來說，讓別人將手指伸進她口中並不舒服。護理師一邊進行口腔照護，一邊用手溫柔地安撫她，並輕輕說著：「我很喜歡妳喔。」

在我們介入之前，這位患者覺得插鼻胃管很不舒服，會自己拔掉，所以雙手被約束。即使這是為了對應營養不良的措施，但約束行動的照護卻對她的健康不利。

如果問在照護機構工作的人：「有人住院時，你最害怕什麼？」，照護者會回覆：「他們回家時的狀態比送到醫院時還差。」

但這卻是實情。如同前面提到的，患者明明可以自行走到洗手間卻讓他們用尿布一樣。有些患者入住後變得無法自行進食、行走，開始出現褥瘡。沒有人能否定這個事實，但也沒有人公開指責這件事。但請先不要誤會，我並非在責備醫院和照護機構的工作者。

但是，為什麼會發生這樣的事？因為照護者眼中只看到疾病。在醫療現場、會議上，人們都只談論疾病，完全不討論患者的健康，因此削弱了他的治癒力。

照護者只學到患者躺下時的照護，所以很難理解站立照護的意義，更不會知道站立照護的優點。尤其當病情症狀不容許時，大家自然會覺得很困難。所以，持續依照學生時代所學的臥位照護，結果被照護者因此而臥床，甚至死亡。我想，世界上有好幾百萬人正接受不屬於他應有等級的照護。

回到前面的女性患者。後來，我徵得醫師的同意，解開她的束縛。我知道她會拔去鼻胃管，但是藉由尊重她自主性的照護，她變得能夠自行進食，不再需要鼻胃管。她原本就是可以自行進食的人，而且也能夠再次站立了。

帶來這些變化的不是藥物的效果，也不是醫師的能力。從醫療的角度來看，她的狀態已經穩定了。而帶給她變化的，是學過人性照護法的護理師的照護。

人性照護法有許多技巧，後面會說明。為了提供符合對方狀態的照護，必須挑選自己擁有的技巧。在提供適當等級照護的前提下，尊重基本的自由和自主性的價值是最重要的關鍵。除非掌握了這一點，否則無論掌握多少技巧都無法有所發揮。人性照護法也是選擇的哲學。

再說得詳細一些，不只要學習技巧，還必須改變環境。社會選擇禁閉高齡失智症患者，用藥物不讓他們四處遊走，用束具束縛他們。如果你一直遵守這些指示，一切都不會改變，但解決方法應該不只有這些。我們亟需改變深信「就該這樣做」的價值觀。

有位醫師這麼說：

「在導入人性照護法之前，我只要看到我所做的部分就好了。患者如果罹患肺炎，將肺炎治好，我的工作就結束了。物理治療師也是，只要步行訓練結束就好，結果誰都沒有看到患者究竟變得如何。」

有愈來愈多高齡失智症患者入院，他們不知道自己身體發生了什麼事，想站起來行走，但在我們看來這就是「四處遊走」，所以要約束他。

但是，請各位想像自己被約束在床上就此度過餘生的景象。我想應該沒有多少人可以忍受吧！可是全世界都以「以前就是這樣做，也沒有其他辦法」為理由，一直沿用過去的方式照護。誰都不曾關心「最後患者究竟會變得如何」。

那麼，究竟我們該如何對應想四處走動的高齡失智症患者？假設有十五位高齡失智者、十位護理師，要讓所有人都搭配一名護理師有難度。

一個解決方案是，打開房門，讓家人二十四小時都能會面。藉由這樣的環境調整，可以讓患者平靜。第二種方法是導入志工陪伴患者。例如美國有防止高齡者譫妄（意識障礙，會伴隨幻覺和錯覺，很常發生在失智症患者身上）的系統，在病房派遣志工陪伴，頗具效果。第三種方法是將難以照護的高齡者都集中在一個大房間，由一位護理師或照服員守護。最重要的，不是三種方法哪一種正確，而是在決定不約束他們時，可以想出各種方法解決。

什麼是專業

請想一想照護者的定義。照護者的工作，是對健康有狀況的人提供等級一「恢復健康」、等級二「維持目前機能」，以及等級三「無法達到等級一或等級二時，陪伴至臨終」的照護。而不是幫助他們長期臥床至死去。

什麼是專業？如果詢問照護者，有很多人都無法正確回答。在法國，所謂的專業是指「從事專門工作的人」。但是，也有手藝不佳的廚師和寫作內容不知所云的作家，也有沒受過專業訓練的專家。

專家收取費用並執行某項職務，兩者都是必要條件。收取費用就是銷售自己的服務。如果向法國的照護者這麼說，似乎會讓他們感到不快，因為他們不想將眼前的被照護者當成顧客，聽到這種說法會很抗拒。但是我反而要說：「正因為你收取費用，所以被照護者就是你的顧客。」也就是說，顧客擁有權利。

顧客預約房間入住飯店的情況很清楚，顧客在房間時，服務人員必須敲門才可以進入。

但是如果不將患者當成顧客，護理師或照服員就算會敲門，也不會等到有回應就擅自進入。如果沒有專門接受過「等候回應」的訓練，就不會這麼做。若問他們為什麼做不到，大家的理由都是「因為沒時間」。那麼請各位來飯店看看工作人員是如何工作的，他們幾乎沒有停下來的時間。反觀專業照護人員又是如何？無論在法國還是日本，值勤時間大多是坐在電腦前面作業。這就是事實。大家並沒有像飯店人員一樣四處奔忙，難道還會無法抽出時間待在病床旁邊嗎？

自我犧牲的精神不代表尊重對方的權利

我想用「患者是顧客」這個說法，來表達照護者應該要尊重患者的權利。說得嚴厲一些，照護常見的問題，在於照護者以不尊重對方的方式工作，也覺得「自己是在做好事」，所以被批判時會深感意外。

我不是為了錢，而是以自我犧牲的精神在工作——但一直抱持這種想法會相當危險，因為被照護者會失去他的權利。在咖啡廳點到的咖啡太涼，你會說：「請問可以再幫我加熱嗎？」店員會說：「對不起。」然後幫你更換。

那麼在醫院或照護機構又是如何呢？工作人員將茶端給所有患者或住民，送至最後一位時如果茶已經涼了，若患者說：「茶冷掉了，可以給我熱的嗎？」這時大多數的照護者是不是會覺得這不是自己分內的工作？事實擺在眼前，只有把患者當成顧客，我們才會在意。

約束違反了《世界人權宣言》

但是患者擁有權利這件事其實毫無意義。因為所謂的權利，是人有能力主張時才有意義。

在法國有項規定，就是照護機構的入口必須張貼「高齡住民的權益」。第一條明訂「住民有選擇房間的權利」。換句話說，照護機構就是住民的家。

住民權益共有十四條，照護者每天經過入口應該都會看到，但是記得的人卻意外地很少。照護者如果不知道住民的權利，就無法遵守。

如果是認知功能正常的人，看見職員不敲門就進入自己的房間拉開抽屜，應該會說：

「不要亂碰，請立刻出去。」

他能像這樣主張自己的權利。

但是當患者無法言語、長期臥床，不得不依賴他人時要如何主張自己的權利，而且要求對方遵守？

所以，必須有一種制度，可以從外部審查患者是否可自己主張權利，或是他的權利是否受到保護。然而，並沒有這種守護患者權利的外部審查機制。但缺乏能力、無法主張自身權利的人也很多。因此我認為，應該要這樣想：「患者的權利是我們的義務。」

法律規定每個人有擁有個人隱私空間的權利。因此我可以告訴照護人員：「你要敲門並且等候回應才可以進入」「開抽屜前必須先徵得同意」，甚至可以說：「我禁止他人對我強行照護。」因為這是專業人員的義務。

詢問是否可以進入房間，以及詢問患者想穿哪一種顏色的襪子，這些都是職務上應盡的義務。也就是說，這是照護者應該做的事。

當然照護者也有專業人員自身的權利。如果我是醫院院長，有患者家屬責罵護理師，我會立刻請家屬來到院長室並且這麼說：

「如果想讓人尊重你們的權利，也請你們尊重對方的權利。依照法律，你們的行為很可能會受罰。」

這就是法治國家處理事情的方式。

但是，在現實中，照護者引用法律時並不是為了守護權利和義務，而是為了不要因為照護方式或醫療過失而被控訴。結果，這種做法讓我們和家屬之間產生更多衝突。照護相關人員該如何自處？該明確訂立哪些事項？照護人員變得不知所措。無論是誰都會覺得這不是好情況。

有位高齡者入住照護機構，女兒隔週來探訪，看到父親被用約束帶固定在輪椅上，而且看起來一臉虛弱呆滯，毫無精神。生氣的她將理事長拉到父親面前說：「請看看我父親，我連狗都不會這樣拴住。」理事長於是請負責的照護人員拆掉約束帶。

又到下一週，兒子來會面。在他來的前一天，父親摔倒受傷。兒子知道這件事後，馬上跟理事長說：「我要到法院提告。」

這是真實的事件，問題相當複雜，醫師經常面對這樣的情況。約束患者的身體就會被說是「虐待」，因不約束而發生意外就會被究責。諸如此類的事件無法明訂在照護合約之中。

理事長聽從患者女兒的意見不約束患者身體，因為她說連小狗都不會這樣被拴，約束身體太侮辱人。

這次換兒子問：「為何讓我父親跌倒？」院方只能辯解說：「我們不該鬆開約束帶。」

如此一來當然只能法院見。順應對方的意見屢屢更改作法，並不是專業的工作態度。

就我的經驗來看，約束患者身體的案例多發生在想處罰對方時。但是這個案例並不是如此，患者整天到處走動，如果想約束這樣的人，不但他會大叫，還會加重他失智的症狀。

但照護人員表示是考慮到患者跌倒會骨折，不得不約束他。所以，如果照護者要選擇約束，並不是因為「一直以來都這麼做」，也不是「我覺得這樣比較好」，而是因為遵守專業的原則。

但是，有一點請必須事先了解和記在心裡。約束他人的行為，違反了《世界人權宣言》的第一條。限制自由是相當嚴重的事。只有在會危及個人生命安全時，才可以考慮將約束視為必要手段。

例如，患者因大腿骨和髖關節骨折剛接受手術，而且認知嚴重退化，隨便亂動會讓好不容易成功的手術徒勞無功，這時就可討論約束的必要性。

但是即使可能發生危險，我們也不會只因跌倒這個理由就選擇約束患者。否則，就變成必須約束所有的小孩，因為剛開始學走路的小孩都會經常跌倒。我們是以跌倒時會產生什麼結果做為判斷標準，決定該怎麼做。

人跌倒時容易骨折的部位是手腕。因為人會反射性伸手而導致手腕骨折，所以即使不是高齡者，這也是一般人容易發生骨折的部位。這種情況是不是可以認為很嚴重呢？為了避免手腕骨折的危險，違反《世界人權宣言》，這樣好嗎？如果要說跌倒骨折到底嚴不嚴重，答案是ＮＯ。

而且從統計來看，有報告顯示，人的身體不被約束，反而較不容易跌倒和骨折。

比起骨折，約束更會對生命造成嚴重影響。人因為有活動才能維持健康，要活就要動，不動就代表死去。

如果會一直跌倒的人另當別論，但我認為這樣的人極稀少。我們必須思考的是，「在不約束患者身體下的狀況下是否可以解決問題」，而不是以約束為前提。

以一般公民的感受思考

之前我去日本某家地方醫院，護理長和我談到一位幾個月前入院的患者。「患者剛住院時還很有精神。但是他的精神實在過於亢奮，所以我們使用了精神藥物。服藥期間他變得毫無精神，也漸漸不再說話，活動力慢慢下降最後臥床。我們該如何做才好？」

用藥是為了治療，但失智症是神經系統藥物也無法治癒的疾病。也就是說，是為了用藥物約束患者而用藥。而且有研究指出，藥物有時會加重失智的症狀。即使如此仍決定投藥，是因為不知道該如何對待患者。

如果詢問非照護相關的人這時該怎麼做，他們應該會立刻回覆：「那就停止用藥啊。」當時在場的有護理長和另一位護理師，她們都帶著抱歉的口吻且口徑一致地說：「但是，對這個人我們只能用這種方法。」她們兩位都是非常親切的人，也都知道投藥會帶給患者不好的影響，但卻說無法改變現況。

雖然她們提出的價值是「為了大家好的照護」，但實際做法卻大相逕庭。

全世界的照護者都有相同的困擾，大家都想改變各種現況，卻又深信「是因為醫師不允許這麼做」。真的是這樣嗎？

我曾試圖讓一位患者站立，結果照護人員制止說：「我們也想讓他起身，但是醫師說不行……」

因此我去找醫師並直接詢問：

「可以讓患者起身嗎？」

「可以喔！」醫師很乾脆地回覆我。

這類的案例不勝枚舉。或許有人會說因為我是外部人員所以才可以。但是反過來說，證明了這不是適當的照護，而是一種微妙的、有上下支配關係的照護。現場有如此極不合理的關係也是照護的實際現況。

每位照護者都是專業人士。這是需負擔責任的工作。如果「真心希望別人認同自己是專業人士」，就應該無法讓現狀一直持續下去。

我認識的照護人員都是既聰明又溫暖的人，只是一旦身處醫院體系、處於某種制約中，就很容易有「不得不這麼做」的想法，也或許會覺得不可以有自己的意見、不能做出有違過往的新嘗試。

所以我在培訓課程中總會這麼說：

「想分析問題時，請換上下班時穿的衣服，邊喝啤酒邊思考。這樣你才想得出明智的解決方法。」

脫下白袍，轉換為一般公民，你才會有所發現。在醫院外面生活，才能感受到自己在想什麼、有什麼行為，這個行為根本的價值是什麼。

你有情緒也有情感，也可以表現出來。你有力量。重要的是，你要遵守身為專業人員的規則。

建築師建造房屋，如果房屋壞了會被控訴，所以專家會確認房屋是否完全按規則建造。如果完全依照規則便沒問題，但是一旦沒有符合規則，建築師就必須賠償毀壞的房屋。

規則是我們這些專業人士行動的方針，評價工作所需的依據，而且規則也是工作品質的保證。

以患者為中心的照護

身為專業人士，應該會重新思考一件事，那就是什麼是「以患者為中心的照護」。過去的照護哲學都有一種說法，那就是「患者是照護的中心」。但人性照護法與之截然不同。

大約十五年前，在我某場演講的提問時間，有位高齡女性提出這個問題：

「大家都強調以患者為中心的照護，但即使患者周圍有許多人都是出自好意，可是位於中心的人想從裡面逃離時，有沒有辦法逃出呢？」

這個人的提問讓我吃了一驚。關於「什麼是自由、什麼是自主」，她給了我一記當頭棒喝。監獄為了方便監視犯人，空間設計成能一眼望穿內部。當然監獄和醫院或照護機構不同，但即使是出自好意，在我們採取無處可逃的照護方式時，可以說這不是監視嗎？

就我所知，大多數高齡失智症患者甚至無法四處走動。因為對半夜才會入睡的患者，院方都會配合關燈時間讓他們吃安眠藥。當然照護者覺得這是出於好意才使用這個方法。但高齡者就這樣被置於好意的中心，無法逃脫這個圈圈。

反之，就算失智症患者想睡覺，全世界的醫院和照護機構都會為了用餐或換尿布等理由把他喚醒。被照護者配合照護者的工作睡覺，配合照護者的工作起床，這就是以被照護者為中心的照護現實。在人性照護法中，原則上不能在患者睡覺期間強行喚醒對方。

失智症的核心症狀之一是記憶障礙。睡覺時記憶會在腦中重組，打擾睡眠會加重記憶衰退。醫療相關者即使了解這些知識，卻沒有與實踐結合。照護的鐵則明明是不可危害被照護者的健康，照護者卻未能實踐。

如果實踐人性照護法的哲學，就不會再做出叫失智症患者起床的舉動。因為和被照護者有連結，就會產生尊重對方的行為。為表示尊重，人性照護法不會以被照護者為中心，而是以人際關係、連結的品質為中心。如果連結的品質佳，照護者和被照護的患者都會感到滿意。

以被照護者為中心還會有其他危險。聽說日本護理師一年的離職率超過一〇%。如同我一再強調的，不只日本，全世界的照護者都有身心俱疲（過勞）症候群的困擾。換句話說，這是因為他們在工作中感到不幸福。

護理師每天都感覺不幸福，那麼身處其中的患者會是怎麼樣的心情？照護者的狀態不佳，患者的狀態也不會好。

那麼，提供照護者適當的關懷是不是就會變好？在歐美經常聽到的說法是，要更完善護理師需要的福利設施。但與其如此，倒不如讓人對自己的工作感到樂趣和幸福，這才應該是問題的本質。

和照護的對象產生連結，彼此才能幸福。無論是以被照護者為中心，或是以照護者為中心都會發生錯誤。在照護中，位於中心的應該是和對方產生正向關係的「連結」。

尊重就是認同對方是人

和以患者為中心的照護相同，我們經常聽到「請尊重患者」的口號。我認為這句口號並沒有多大意義。這就好像有人對你說：「一定要愛上伊凡。」那你就會愛上我嗎？至少倘若你對我沒有「好感」，就不可能吧？而且我必須自我感覺良好，覺得或許你會喜歡我。

「請尊重高齡者」。但如果你做不到這件事，就不可能尊重他或她。如果上司命令你「請尊重我」，對你來說就有「一定要尊重上司」的義務。但是，尊重與否不是命令就可以做到的事，如同愛情，無法強求。

但照護者在實習時經常被教導「請尊重患者」。被吐口水、被拉扯都要尊重對方，這種想法既不健康又毫無道理可言。

人性照護法的想法是，「對方是我的鏡像。我要讓對方意識到『我是人』」。如果我可以尊重自己，並且以這樣的我和對方建立關係，就不需要特別強調「請尊重」。關係本身就包含尊重對方的因素。

有些護理師為患者擦澡好幾年，但是除了一開始的打招呼，從未在擦澡時與對方眼神交會。他也接受過數十個小時「請尊重患者」的教育，但是照護期間卻未曾和高齡者眼神交會。尊重的根本是什麼？就是將對方視為人。為了將人視為人，首先我們必須先認識人的特徵。接著我想請大家思考什麼是人的特徵。

人是什麼

「人」是什麼，絕對不是簡單就能回答的問題。我們是動物，據說人類和黑猩猩的遺傳基因有九九％相同。但是人和黑猩猩是完全不同的動物。

人類有人才有的特性，但很多事並不是只有人才做得到。以前曾說，只有人才會在死者面前有特別的行為，但其實鯨魚、大象和猴子也會表現悲傷的情緒。過去也曾說只有人才會使用工具，現在也知道這是錯的；只有人才會製造工具這也是錯誤的說法。但是我們可以說，人之所以為人的特徵，是我們擁有某些特性並進一步發展這些特性。有些動物懂得製造並使用工具，但是不會將木頭削成筷子和叉子用來吃飯。

這個道理也適用在以語言形成概念的智慧上。小狗也懂人的語言，小狗聽得懂人說的「吃飯了」，並覺得開心。但是，小狗聽不懂你說的「接下來我要用奧維涅產的藍紋起司做一道千層麵」。

此外，人類還會依照所處的文化形成各種維持特殊社會性所需的禮儀。在法國人眼中，一群人在同一個浴池洗澡、在大浴池中泡湯，這是日本人特殊的溫泉文化。

飲食、洗澡這類普遍的事中都有人的特徵。如果我們的照護無法完全對應這些屬於人的特徵，我們就不能稱自己是照護的人。

例如，有位患者不太能進食，即使進食吃的量很少，但如果因此就採取管灌飲食，這樣就像獸醫對待小狗一樣，只處理了人屬於動物性的一面。

人的飲食特徵是什麼？人會說「我要開動了」，會將美食平分給同在餐桌上的人享用。動物是體型大的吃大的，體型小的吃小的，但人會將最好的部位讓給弱小和客人。我們有這類習慣和禮儀。

但這些規則並非放諸四海皆準。因此有日本高齡者入住法國的醫院時，如果無法依照日本習慣提供飲食，患者就很可能拒絕飲食導致營養失調。

這意味著我們必須照護到對方「身而為人的特徵」，才稱得上是一名照護者。

我曾經拜訪日本離島的醫院。有位高齡失智症患者因拒絕喝水出現了脫水的症狀。一般採取的解決方法有兩種，一種是透過鼻胃管攝取，另一種是打點滴。無論哪一種都必須約束患者的雙手以免他拔管。

我請別人幫我在醫院的商店買來兩瓶飲料。我打開瓶蓋，說：「乾杯。」然後將兩瓶飲料互碰。結果那位患者毫不猶豫地大口喝下。之後我們連續乾杯了十次。為了讓他想喝飲料，必須表現乾杯的禮儀，這正是所謂的照護。

每次行動前，我們必須重新問自己。

這個照護有考量到屬於人的特徵嗎？

透過這樣的提問，然後去找出解決方法。

若要再進一步討論人不同於其他動物的特徵，雙腳站立更是關鍵中的關鍵。這就是為什麼要讓患者站立著接受照護。這麼做不僅有維持生理功能的意義，在人之所以為人的哲學意義上也很重要。

「你站著，你是人」這一點，我們不用以口語表達，就可以直接傳達給對方。當然，身體有障礙無法站立的人另當別論，但是嘗試讓本來可以站立的人再次站立時，必須要讓對方意識到這一層涵義。

一旦滿足讓患者感覺到「自己是人」的要素，他的狀態就會愈來愈好。這給了對方脫離現狀的機會。

人性照護法的實踐包含生理學、心理學和哲學的面向。因為照護的是人，所以不能忽視任何一項有關人的特徵，我希望大家思考所有可能性。

就像不乾杯就不喝水的患者一樣，透過一些協助技巧，或許拒絕進食的人也會願意用餐。也就是說，其實可能性很多。以管灌餵食，也有可能是與照護人員的能力有關。每個人都有他的獨特性，我們必須根據不同的需求給予不同的照護。除非我們能這樣對待患者，否則無法安心生活。

尊嚴奠基於完整性

把人當成人對待，這就是人的尊嚴。過去我用哲學家康德的思想，將尊嚴作為定義人之所以為人的一種特質，但現在我對他的思想有所改觀。因為我發現，康德的想法是用來表示人類比其他物種更優越的理論。

與其說尊嚴實際存在，倒不如說每個人都覺得自己擁有尊嚴，每個人都能有這種感覺。而在照護時建立人際關係的連結，就是持續維持人有尊嚴的感覺。

人在心理和生理上都有人性的一面，缺一不可。這就表示當人得以守護人的「完整性」，尊嚴即自然產生。相反地，也可能失去這種感覺。

如果身心被傷害就會覺得失去尊嚴。被責罵、被迫長期臥床、被強制要求不要動，並且被實際約束，就會令人感覺喪失尊嚴。

人因為生病被送入醫院或照護機構，原本擁有的完整性已缺失了一部分，處於脆弱的狀態。而又因為和照護人員之間的關係，被推向更脆弱的處境。

「我要為你擦拭身體，才能保持你的身體清潔」「如果跌倒會很危險，所以需要約束你」。諸如此類的照護組織和組織文化，可能讓被照護者的尊嚴被破壞和侵害。

我們視為理所當然的照護方法，有可能傷害被照護者的尊嚴。

藉由保有身心的完整性，才能保有人的尊嚴。

正因為如此，即使其他人會因為擔心患者跌倒而將患者約束在椅子上，我卻會說，如果患者能夠站立，就讓他站立步行。

因為我想保有這個人的「身體完整性」。

除此之外，人性照護法會向被照護者傳達出「我喜歡你、你很重要」等訊息，這些訊息也會支撐對方的內心，讓他保有心理的完整性。透過這個做法，以人性照護法照護的人，不但保全了被照護者身心的完整性，還可以守護他的尊嚴。

請不要忘記，人的一生會持續變化，同樣的，人的完整性也會有所改變。依照世界衛生組織的定義，健康的人是指身體、精神和社會方面都處於健全的狀態。但是這個狀態會因為生病而改變，就要在被幫助且更脆弱的狀態中建構全新的完整性。我們每個人都會發生改變，但即使如此，我們會想被當成小孩對待嗎？

我認為，應該要接受被照護者當下的狀態。我們應該要尊重他現在的需求和想做的事，建立真正的關係。

尊嚴和完整性有連帶關係。尊嚴是個人的感受，其他人無法體會，但是照護者可以從對方的反應感受得到他是否覺得有尊嚴。

尊嚴這個想法是人為了守護自己而產生的。不尊重、排擠對方，也就是蔑視對方的尊嚴時，也代表著某部分的自己被排擠。

令人難過的是，有些人因為失智症而忘了出自文化的用餐方式、在床上裸躺、無法用雙腳站立，甚至無法說話。

看到這樣的高齡者，我們無論怎麼找尋他身上殘留的人性特徵都找不著，因此就會認為「他不再是人」。但是變成這個樣子並非他本人所願。

假設，人類和外星人取得聯繫，希望和外星人見面。但是外星人不知道人類究竟是什麼樣的生物，所以請我們告訴他人類有什麼特徵。

我們的回答是，人類會穿衣服、會笑、會思考、會唱歌、會寫詩、雙腳步行、共享食物，這些是人類共同的特徵。

外星人來了，看到你符合事前他所瞭解的特徵，所以知道你是人。接著外星人來到醫院，看到了高齡失智症患者。他們不會笑，連笑的意思也不懂、多年未曾閱讀書籍、連話也不會說、站也不會站、進食全靠管灌，完全沒有符合人的特徵。

我對照護者說：

「請向外星人說明他是人類。」

結果大家都在描述這個人的過去：

「剛住院時他會自己吃飯」「他之前會和女兒說話」「她以前喜歡化妝」。

外星人知道他過去曾是人。那，現在是什麼？

我們為了證明現在眼前的人是人，應該做些什麼？

人性照護法專注於人的「當下」

這件事發生在我第一次在日本醫院見到的一名失智症女性身上。患者的女兒說：「我母親已經不說話、不吃飯，看起來好像完全沒有在思考。」在向外星人說明什麼是人的過程中，我們提到「人會說話」。但是，「有問有答」並不是身而為人的唯一證明。

「你好，我是伊凡．傑內斯特。」

我認同對方是人，開始和她說話。這是第一步。

就在我和她說話的當下，對方開始取回人的身分。

因為她的身體不是我的所有物，所以我向她說明接下來要採取的行動。這是要滿足對方的完整性。即使不用言語，也可以藉由我的行為讓對方感受到「自己是人」。

負責照護她的人之前並未看著她的雙眼。長期臥床的她，被排除在人這個物種之外生活了好幾年。她之前曾經是人，這是事實。現在雖然也是人，但是身處不同於我們的次元中。

照護者的工作，首先要從抓住患者的眼神開始。當照護者看著她的眼睛說話，看似心不在焉的她，表情瞬間出現變化。照護者再進一步將眼神對焦。

照護者向她說：「請舉起手臂。」她的手臂嚴重攣縮，關節僵硬，但是她卻試圖舉起手臂。好幾年沒有任何反應的人，現在卻理解他人的話並且試圖回應。

就算無法抬起整隻手臂，只要她意識到「抬起」並且試圖動作，原本面無表情的臉上就會出現變化。而且她最後還說了一聲「謝謝」。

這就是人性照護法。

大多數的照護者在像她這樣的人面前，只會說：「他以前是人」。但是照護者是「照護人的人」。現在、當下，在照護的每一分每一秒都必須持續讓被照護者感受到「你是人」。只有這樣做，對方才會顯露出自己是人的證據。

人性照護法注重「當下」。當下，照護這個人。如果無法在當下向外星人說明「這個人是人」，這就意味著照護者無法識別出這個人是人。

不是他過去是人，而是當下他就是人。即使這個人過去是人，如果當下看起來是動物，就會被當成動物對待。而我們就成了人的獸醫，而不是照護人的人。

這不是用言語理解就可以實踐的事，實際執行時絕不簡單。而關於這種尊嚴的重要性不會寫在醫學書籍上。

但人性照護法是這樣定義。

尊嚴的感覺，是指人可以認知「自己是人」。

照護者告訴被照護者「我喜歡你」，而由此出發的一切行為，都可以讓人認同「我是人」。

第五章

迎向人性照護法

人類的第二次誕生

人類身為哺乳類，透過母親懷胎來到人世。這屬於生物學上的誕生，是「第一次誕生」。但是我們不是誕生下來就可以存活，還必須被同物種接納，此為「第二次誕生」。

例如鹿。小鹿出生後，母鹿會不斷舔舐剛出生的小鹿。母鹿不是在幫牠清理身體，而是利用舔拭告訴小鹿「你是鹿喔」。小鹿經過母鹿的不斷舔舐後才開始喝母乳，如果小鹿未經過舔舐，就會死去。母鹿的舔舐，代表小鹿受到同伴的接納，這就是「第二次誕生」，也就是社會學上的誕生。

人類也有相同的行為。我們出生後，在生物學上屬於人類，但光只這樣並不表示被人類物種接納。人類會用一種代替舔舐的特殊方式歡迎嬰兒來到人類世界，它不但可以代替舔舐，而且不需要經過任何人教導就能學會。在人性照護法中將這個方式稱為「基本支柱」，就是綜合「注視、對話、觸摸」的溝通，以及感受自我尊嚴所需的「站立」的這四大支柱。人類透過這四大支柱被迎接來到這世界，才能接收到「自己是人」的訊息。

如果人類沒有經過第二次誕生的歷程會怎樣？我想請大家透過羅馬尼亞的真實案例思考這個問題。

羅馬尼亞被西奧塞古（Nicolae Ceaușescu）統治長達二十四年。為提升勞動力，他執政期間曾實施「提高人口出生率」的政策，並禁止墮胎和離婚。政府甚至會每月調查沒有生出五個小孩以上的女性。

實施這種強迫政策的結果是，人民生下孩子卻無力撫養，棄養的孩童大幅增加。這些孩童雖然安置在孤兒院，卻無法受到完整的照料。

我從紀錄片中看到這些小孩的模樣受到極大衝擊。一名女性需要照顧六十多位兒童。沒有人看著孩子、沒有人和孩子說話、沒有人溫柔撫摸他們。孩童甚至無法獲得充足的飲食，其中甚至有許多孩童都光著身子。小孩明顯瑟瑟發抖、封閉自我、身體一動也不動，乍看似乎是患有自閉症，但事實並非如此。

這些孩童沒有經過第二次誕生，得到「自己是人」的認證。從未有人告訴他們「你存在」「你對我很重要」。對這些孩童來說，沒有其他人可以當成自己的鏡像。結果他們不但只能自我封閉，也只能反覆撫摸自己的身體，企圖依靠自己的感覺。有些孩童還開始出現自殘行為。這些全都是他們想證明自我存在的方法。法國精神科醫師鮑赫斯・西呂尼克（Boris Cyrulnik）表示，這些孩童被人為阻隔切斷他們與周圍的關聯性，因此出現假性自閉症的症狀。

西奧塞古政權垮台後，有人研究這些孩童的腦部，發現他們的腦部明顯發育不良。但是這些孩子被法國家庭收養，在充滿愛的環境成長後，這些假性自閉症的症狀都消失了，經過大腦影像診斷顯示他們已經恢復，令人驚訝。也就是說，自己接受到身而為人的歡迎認證，也能促使大腦發展。

人從誕生開始就必須建立連結。藉由人性照護法被歡迎，我們就能以人的身分生活。

在當時的羅馬尼亞，人只是單純的「勞動力」，沒有為身而為人的連結做準備，對生命的理解狹隘。與此相對，和自然有長期連結的社會或許很難產生像羅馬尼亞這種想法。

例如在蒙古，有些地方的生活離不開駱駝。有些母駱駝第一次生下小駱駝時會因為混亂而沒有舔舐小駱駝，這會讓小駱駝面臨死亡。所以，長期和駱駝生活的蒙古人會幫助駱駝「第二次誕生」。

蒙古人將馬頭琴掛在駱駝身上，風吹過草原撥動琴弦，就會發出悠揚的樂音。琴聲的共鳴音域就像駱駝的叫聲。這樣等母駱駝情緒安穩後就會開始哺乳。這是蒙古人發現的觸動駱駝情感的方法，他們對駱駝進行的不是人性照護法而是駱駝照護法。這種駱駝的撫慰儀式，二〇一五年時被登錄在聯合國教科文組織的無形文化遺產中。

我和蘿賽特的做法，就和蒙古人的這種方式相同。我們面對無法言語的高齡者，會看著對方的眼睛說話，溫柔觸摸他們，因為這些都是我們之所以成為人的重要連結。也就是說，「注視、對話、觸摸」是攸關生存的行為。

人性照護法除了「注視、對話、觸摸」再加上「站立」，這四項構成了「人性照護法的四大支柱」，成為照護時的原則。站立是保有人類尊嚴的要素。換言之，這些是傳達「我重視你」所需的技巧。

接下來，讓我們來說明這四大支柱吧！

表1　人性照護法的四大支柱

（傳達「我重視你」所需的技巧）

注視	以水平視線表示自己和對方關係平等。另外，透過從正面堅定注視表現真誠。透過靠近、水平視線、正面和長時間眼睛對視，表現我們的積極正向和情感。
對話	用平穩、不疾不徐和正向的言語對話。如果對方沒有回答、也未試圖回應，就同步說明自己的手部動作，利用「自我回饋」讓對話持續不中斷。
觸摸	大面積、輕柔、慢慢地觸摸，藉此表現我們的溫柔和情感。相反的，用拇指像老鷹一樣抓住或用指尖觸摸對方，會讓對方感受到我們的強制性或攻擊性。觸摸時，從肩膀、背部這些最不敏感的部位開始依序觸摸。而臉和手是極度敏感的部位。
站立	站立可以傳送養分至軟骨和關節，促進呼吸系統和心血管系統功能活化。另外，血液循環良好還可預防褥瘡。站立行走是智力的根基，也是讓自己感受到人類尊嚴的手段。

人性照護法的四大支柱① 注視

注視是愛的表現

讓我們從情感和技巧這兩方面來思考「注視」。我們看著嬰兒的時候會帶著情感，很自然地溫柔注視，即使我們是無意識地進行這種舉動，但仍使用了一定的技巧。

想想視線的連結吧。嬰兒從出生到約三個月大，無論是在床上接受照顧還是躺在雙親的懷抱中，都是由上方接收視線。也就是接收垂直向下的視線。在滿三個月嬰兒能立起脖子後，就轉變成了水平的視線。

從垂直縱軸轉換成水平橫軸，這樣的轉變在照顧上極具意義。躺著被照顧，就只能接收到從上往下的垂直視線。高齡者在床上接受擦澡、受到約束長期臥床，表示這個人回到了出生後零歲到三個月的狀態。與其說是變得幼兒化，倒不如說是嬰兒化。我認為一直躺在床上，就是導致身體各種功能衰退的原因。但是世界上許多照護者都沒有發現這個問題。

嬰兒會長時間接收到愛的注視。人們會因為好奇嬰兒眼珠的顏色一直注視，或是心想：「這個小孩到底有什麼感受？」而注視。

這時候，雙方眼睛的距離非常近，甚至可以感受到彼此的呼吸，也可以聞到身體的味道，還可看到瞳孔放大縮小的樣子。透過這些注視，刺激大腦的鏡像神經元，我們會自然學會將對方的情緒轉移到自己身上。

戀人若歪著頭，看著他的我們也會歪著頭，這是因為兩人在無意識中情感產生直接的連結。只要站在對方正面，帶著滿滿的情感和溫柔，從近距離的水平視線長時間注視對方，就可以感受到其中的連結。

情感和技巧會同步產生。技巧傳遞情感的訊息，情感的訊息需要仰賴技巧傳遞。

水平的視線是向對方表示彼此的關係平等，是讓對方覺得「那個人和我講話會視線交會」的說話方式。而我們心懷愧疚時，會避開對方的視線。所以，從正面堅定注視對方雙眼，能表達出真誠。人們也會近距離、長時間地注視自己喜歡、重視的人。

這些舉動應該是每一個人的日常經驗。

即使有文化差異，正面、水平位置、長時間眼睛交會的注視方法，能表現出人際關係中的積極正向和情感。人性照護法認為，眼神交會必須要維持〇・五秒以上。這是讓人辨識出對方眼中所見需要的時間。靠近是和對方擁有正向關係需要的重要元素，但是這個距離會因為個人的認知功能而有個別差異。有時距離得近到二十公分左右，否則無法產生關係的連結，而且這是很常見的狀況。

不注視代表告訴對方「你不存在」

與水平視線相反的就是由上往下的視線。另外，還有不從正面，而從側面斜視看人，這些視線會表現出掌控、攻擊、可怕和欺騙的感覺。

我在日本曾遇到一件令我驚訝的事。搭乘日本國內航空時，有位笑容滿面的空姐站在機艙入口迎接我：「歡迎你的搭乘。」我看著她的目光回應：「謝謝妳。」入坐時我坐在前面的座位，能看到其他乘客的情況。令我驚訝的是，沒有人好好看著空姐笑臉迎人的目光，甚至連一眼都沒有。我驚訝地問同行的人：「為什麼都沒有人看她？」難道是因為日本人太害羞了？但是我覺得單只有這個原因實在說不過去。

至少對空姐來說會很受傷，她完全沒有得到大家回應的目光。不被注視就等同她不存在。

醫院和照護機構也發生相同的事。高齡者不依賴照護者就無法生活，但他們並未接收到「你存在」的視線。這代表住院的高齡者失去人際關係中基本的第一大支柱「注視」。而且，若他們得到的目光也只有由上往下的注視，又會給他們什麼感覺？這也是一種照護的陷阱。

也就是說，照護人員站在床邊用一般的眼神看著躺著的人，這件事本身在高齡者眼中只會轉換成負面的訊息。

在認知能力正常的情況下，因為知道「這個人是護理師，來我這兒是為了工作」，就不會有問題。但若是失智症患者，會依賴情緒記憶掌握狀況，當遠處傳來彷彿斜眼看人的目光，他們會用情緒記住當下的感覺，留下不好的印象。

無論你用多溫柔的心對待他，只要沒學會表達的技巧，就會不小心落入這樣的陷阱。

就算有人自認有「好好地看著對方」，但實際上也並未做到。大多數的人只是漠然地看。尤其當面對自己「不希望變成」的人時，愈是如此。如果本身沒有強烈的意識，就也做不到注視對方的雙眼。

沒有人會刻意與街上的遊民對視，就算給他們錢也不會眼神交會。因為我們不想這樣生活，無法將自己投射在對方身上。富人看不見窮人、主人看不見奴隸，而照護者看不到高齡者。

尤其當照護者面對的是極具攻擊性的高齡失智者時，更不會注視對方的雙眼。進行洗澡照護時也不會與之眼神交會。不僅如此，照護者還會在無意識中踮起腳尖、伸展身體，擺出「視線往下」的姿態。面對對方的攻擊，不自覺地就會擺出這樣的姿勢。

接受照護的高齡者長年不曾與他人眼神交會，這等同沒有人和他們說：「你很重要、你是有價值的人。」他們裸著身體，沒有人看向他們的眼睛。就是因為情緒記憶中留下了這些讓他們感到具攻擊性的照護體驗，被照護者也變得具攻擊性。但這不是攻擊，他們只不過是在保護自己。

照護時，照護者似乎有看著對方，但其實看的不是對方的眼睛，而是自己正在做的事，例如口腔內部、點滴插入的部位，照護者都沒有用傳達情感的技巧在看。我們在做「本來就會這麼做的事」。當面對高齡失智症患者，我們潛意識會想著不希望自己變成這樣，自然就無法與對方眼神交會。換言之，不注視是人的自然反應。但根據照護者的定義（請參照一三二頁），我們不能只是冷眼旁觀被照護者的狀態惡化。

如果只是在做本來就會這麼做的事，就無法建立連結。我們必須學習注視的方法。演員就算不喜歡演對手戲的對象，也要表現出相愛的演技，讓他人看起來像是情侶。這就是演員必須要學習的技巧，這樣才能達到效果。

我們曾和資訊科學專家共同進行研究。我們邀請經驗豐富的護理師接受人性照護法的訓練，請他們在訓練的前後照護同一位高齡者，再分別錄影拍下照護的景象。在分析影片時發現，護理師在接受人性照護法訓練後，與受照護者眼神交會的次數大增，是訓練前的二十三倍。看向對方的眼睛、掌握視線，這項技巧不經過學習無法真正實踐。護理師透過學習，即能向對方傳達出自己傳遞的溫柔訊息。除了情感、技巧還結合了哲學。

我是誰？眼前的人是誰？我們有什麼關係？

請大家不要忘記這些提問。

對話不僅僅為了傳遞訊息

世界上的人在和嬰兒說話時，都會用一種特別的方式說話。溫柔的語調、彷彿音樂般的旋律，嬰兒聽了就會產生反應。這種溫柔的耳邊細語不需要人教，張開嘴巴自然就能說出來。

除了語調外，我們應該也會用很正面的語彙，例如「你好香」「皮膚好嫩」「怎麼那麼可愛」。嬰兒自然而然地接受這些詞彙。看著嬰兒時，人們不會像恐怖分子般說出帶有惡意的話語。就算有這種念頭，也很難脫口而出，只會說出溫柔話語。

但是，人生的關係不是只有正向的，與人吵架時，我們會說出和上述語言完全相反的話。語調提高，變得尖銳又大聲。

但最殘酷的是無視對方，這表示「我不想和那個人說話，也不想看到他」。被無視的人被驅逐到言語傳遞不到、也不被看見的另一個世界。這個情況就如同高齡失智症患者的處境。被驅逐的人究竟要何去何從？這是很嚴重的問題。

至於照護者為何不和高齡失智症患者說話？針對這個問題，我覺得有必要說明「溝通是如何成立的」。

「你好，我是伊凡．傑內斯特，初次見面」，我說這句話時，首先必須要有說話的意願，接著需要說話的能量。請想像我身體裡有個創造言語的馬達，馬達要靠電才會運轉，而我只剩少許電力。

例如我問某人：「你在寫書嗎？」對方回答：「是，正在寫。」送出開始的訊息後，我已經用盡我所有的能量。但如果對方回答了我，我聽到回答，身體就會湧現持續溝通的能量。至於回應的方式可以是語言，也可以是用動作表達。

也就是說，我說話所需的能量是來自對方送出的訊息。說話者體內的能量並不能無限地自然湧現。對方的回答是電源，是讓我充滿電力的來源。

我們來做個實驗吧。我用法語和你交談，你沒有回應，我會怎麼樣？會沉默不語吧？因為你沒有反應，我也無法獨自繼續說話。但就算有人用日語回我，我聽不懂，也無法補充能量。

我們和失智症患者的關係就像這樣。即使我們問對方：「睡得好嗎？」若他們沒有回應，這樣下去我們就會失去能量，漸漸不再說話。

為了接上電源，需要對方的回應。需要的條件是問題被理解後獲得有邏輯的回答。例如問：「睡得好嗎？」但得到「白色衣服」的回覆就毫無邏輯。

但若觸摸對方時，對方「啊——」地大叫，這能算是回應嗎？這或許可能算是回應。但若沒有觸摸也一直在吵鬧呢？如果是無時無刻都在吵鬧的人，這就不算回應，因為這樣無法連接到電源。

這種情況下大多數人會說是「因為患者什麼都不知道，無法理解」。但是，根據反饋原則來分析，照護者如果因為沒有得到滿意的答案就不再繼續對話，並不是患者的問題。

請大家想想看，例如和嬰兒說話時，就算嬰兒沒有回應，我們還是會繼續說話。我們明明知道他什麼都不懂，但還是繼續對話。

但面對失智症症狀加重、狀態持續惡化的人，我們卻不知該如何對話。其實問題不在於照護者的情感不夠豐沛或不夠體貼。那我們究竟該如何做呢？

讓沉默的照護現場談話不間斷的「自我回饋」技巧

站在不會回話的高齡失智者面前，我思考該怎麼做。我想到，或許可以找一首能和語言結合的音樂。例如，用鼻子哼唱法國國歌《馬賽進行曲》，如果是法國人，腦中就會浮現歌詞和旋律。我想是不是可以採取類似這樣的方式。

照護時，有件事和持續流瀉的音樂相同，那就是手。照護過程中，我們的手會一直持續動作。靈光一閃，我想到可以用說話來表達自己的手在做什麼。

這樣我和被照護者之間的電路就通了。我稱此為「自我回饋」。如果因為對方沒有回應我們就沉默，這樣就無法讓能量循環。但自我回饋的方式不必靠對方的回答充電，而是用描述自己手部動作的方式為自己充電。一般的回饋是對方提供我們能量，自我回饋的方式是我們自己頭上有太陽能裝置，藉此讓我們自我發電補充能量。

首先，向被照護者提出問題，如果對方沒有回答，也沒有試圖反應或回答時，就開啟自我回饋系統。不是用語言，而是用我們的手說話，比如「現在開始要洗後背囉」或「現在要碰右手臂了哦」。動作的同時，同步說明自己正在做的事，看起來像在自言自語，但是這個行為沒有對方就不成立。因為我們說出自己正在進行的事，和對方之間就會產生溝通。

這麼做能大幅增加溝通的時間。個別情況不同，但有些照護者照護時的溝通時間甚至能達到之前的十五倍。用這種方法，照護者就可以持續說話不沉默，照護現場就能談話不間斷。

自我回饋的原則是同步說明自己的行動

自我回饋有兩大原則。首先，即使對方完全沒反應，我們也會要求他動作。例如，說完「請抬起手臂」後要等三秒。我將這個等候時間稱為「老年醫學的等候時間」，因為大腦反應的平均時間約需三秒。

先要求一次，數三秒。之後再要求一次，再等三秒。兩次都沒反應時，就換個說法，例如改說「請觸摸我的臉頰」或「請將手舉向天花板」。

如果對方還是沒反應，請先告知「接下來我要洗手臂囉」「我要抬起你的手臂，從左手開始，從手背開始洗喔」，在照護的同時，同步說明自己的手會進行的動作。

同步說明的意思是用正向的語言表達手會進行的動作，好讓高齡失智症患者產生情緒記憶。

「手臂請抬起來」「請試著碰臉頰」「我會輕輕把你的手抬起來」「我要摸你

的肩膀。這樣很舒服吧」「接下來要拿肥皂了」「要幫你沖熱水了，沖熱水很舒服吧」「現在要用毛巾擦乾囉」。

有些被照顧者即使一開始沒有絲毫反應，但到請他配合「將手臂抬起來」時，他會突然將手臂抬起。我曾有多次透過自我回饋持續說話，結果對方產生反應的經驗。

某位住院已經一年的患者，他在這段期間完全沒有反應。直到我用自我回饋的方法照護他後，周圍的人才第一次聽到這個人的聲音，他說：「好熱。」

我不能明確解釋為什麼會有這樣的結果。但在我想像中，或許是因為這個人不斷在正向積極地狀態下受到情緒記憶的刺激，所以從內部的沉默中走了出來。

我能確定的是，他的眼神完全不同於最初我見到他的樣子。空洞的眼裡有了光亮，充滿生氣。患者沒有反應不代表他沒有在聽。使用這個技巧，可以在照護中不斷傳遞出重視對方的訊息，而這個訊息讓對方有了反應。

但是自我回饋並不簡單，需要正確的技巧。照護者必須從扎實的課程中學習，最少要經過三個月訓練才能學會。因為照護完全沒反應的人時，沒有人能夠不斷自發、自然地持續說話。

人性照護法的四大支柱③觸摸

向對方表達溫柔的觸摸方式

人在表現溫柔、喜悅、慈愛、信賴和情感時，會用什麼樣的方式觸摸對方？應該會像觸摸嬰兒時一樣吧？所以照護時的觸摸技巧，就是像包容一切般地觸摸，大面積、輕柔、慢慢地撫摸。例如同樣用十公斤的力道，用指尖觸摸和用整個手掌觸摸的感受就會不同。觸摸面積的差異，在於皮膚每單位面積承受的力道不同，而且對方感受到的溫柔也不同。

這意味著所謂的溫柔，不是只要富含情感就好，還包括物理技巧，我希望照護者能夠理解這一點。同一位患者，接受別人照護時很安穩，為何自己做一樣的事，患者卻大吼大叫？你是否有過相同的經驗？或許是因為那位照護者和你觸摸的方式不一樣。

手和臉是感覺受器最多的部位，因為神經很多，只輕輕觸摸就會有大量的訊息傳送至大腦。若你覺得「我才輕輕觸摸患者就大吼大叫」，就很可能是觸摸到了這些敏感部位。被照顧者可能感覺是「接受到過多的觸摸」。換句話說，很有可能是「觸摸」和「被觸摸」之間有很大的認知差異。

談到「被觸摸」，聽說胎兒在母親懷孕大約四個月的時候，傳遞疼痛和喜悅的神經系統就已經開始在身體裡成長，到七個月左右會長成。這表示我們在出生前就已經可以接收到「被觸摸」的訊息。隨著被觸摸，我們也可以感受到喜悅和痛苦。顯然我們出生不久後，就已經具備「現在自己在被撫摸」的理解能力。這個事實說明了什麼？

在法國，朋友之間經常撫摸身體和輕吻。在非洲，人們見面時會敞開雙臂擁抱。在美國也是，肢體接觸極為頻繁。或許像日本人這樣不和人肢體接觸的較少。但是，日本的嬰兒出生後直到五歲左右，有很長的時間都和母親一起睡。在歐洲，嬰兒出生後的隔天，父母就會讓寶寶睡嬰兒房。反倒是日本的嬰兒充分體驗過被撫摸和溫柔地對待，真的很幸福。或許日本人在幼兒時期已經培養出對觸摸和被觸摸的喜悅感受。

總之，在營造正向感受時，要透過大範圍面積的觸摸。這和撫摸嬰兒時相同，也和戀人相同，而且嘴裡要說溫柔的話語：「我很喜歡你喔」「你很香喔」。這時使用的技巧和人的「第二次誕生」相同。

負面關係的觸摸方式則是完全相反。因為不太想觸摸對方，所以用小面積又快速的方式觸摸。然而還有比這更不好的方式，也就是不觸摸。

戀人或夫妻一旦不再交談、眼神不再交會，這段關係就可說是岌岌可危。如果再加上完全不觸摸，彼此就已經不再是伴侶。這如同對方不存在，兩個人就只是兩個人。那麼，既脆弱又需要別人幫助的高齡者又是如何呢？

如果有某位失智症女性抓住前來照護的照護者和棉被不放，她被認為具有「攻擊性」。但假設你和她一樣，棉被突然被拉走，你會有什麼反應？她沒有攻擊照護者的意圖。但是，照護者因為她抓住棉被，所以想扯掉它。在這過程中，沒有和她眼神交會，也沒有和她說話，全力拉扯。

請不要忘記，在這種接觸中，被照護者的情緒解讀出來後通常是「討厭」、「害怕」的表現。這意味著身體被觸摸這件事有其意義，會接收到語言之外表達出來的訊息。不對話、眼神不交會，用力抓她的手臂拉抬，感覺似乎是要處罰她的行為。更別說是靠近她，為了檢查她的尿布想讓她打開雙腳的狀況。如果這時她雙腳緊閉，其實就明確表示出「討厭」的訊息。但即使這樣，照護人員還是強行拉開她的雙腳，這就是強暴的行為。

對她來說，每次換尿布就等同被強暴。當然照護者絕對沒有這樣的想法。這名女性想保護自己，以免受到照護者的傷害，她在對抗這些人。她只是在防禦，卻被說成有攻擊性、「出現失智症的行為精神症狀」。

觸摸身體就像觸摸大腦

我前面曾經提到，在人性照護法的原則中，觸摸對方時，絕對不可以從臉部開始。這不只是衛生問題，而是為了讓對方安心，從背部開始觸摸較為恰當。為了和對方建立良好關係，必須循序漸進。因此照護者應該要先了解，一開始絕對不可以突然觸摸對方的臉部、胸部、會陰等隱私部位。但這並不代表觸摸其他部位就無所謂，也不代表可以毫無章法地觸摸。

臉部有各種神經集中，是知覺極度敏銳的區域。如果你突然觸摸對方的臉，會讓人覺得你沒有禮貌、令人恐懼，當然會被對方拒絕。

不只是照護之時，我們見到任何人都會先從打招呼開始，然後握手、變親密之後才會擁抱。可以觸摸的部位和順序依文化有所不同。但為什麼我們要依照這些步驟觸摸人呢？

這是因為我們觸摸的不是皮膚，某種層面上我們觸摸的是「大腦」。大腦會透過肌膚理解，並判斷「眼前這個人是否有危險性？我是否可以依賴他？」

身體部位和大腦區域是有連結的，尤其和其他部位相比，人需要更多腦細胞來處理臉部或手部帶來的訊息量。這表示這些部位的感覺較為敏銳。因為感覺敏銳，有人突然觸摸我們的臉時，人會有抗拒的反應。

相反地，背部和肩膀每單位面積的神經較少。換句話說，就是比臉部或手部遲鈍。我們為了取得對方的信任分階段進行觸摸時，可先從背部開始，接著是肩膀、手臂、腹部、胸部，最後才是手部和臉部，建議可以這樣循序漸進。想證明這個論點很簡單。

例如，請別人用一枝或兩枝鉛筆碰你的背。你覺得他是用一枝鉛筆觸碰時，其實是兩枝；反之亦然，讓人很難清楚分辨。

若將鉛筆觸碰的部位改成手指，就算蒙住雙眼，接觸點是一個或是兩個，沒有人會答錯。這是因為我們光是握手打招呼就可以傳遞和收到大量訊息，不須緊握，只要輕輕觸摸就會有。相對於此，背部因為比較少神經聚集，為了傳遞訊息，需要觸摸更大更廣的範圍。

「觸摸」的三種涵義

典型的觸摸行為有三種。第一種是「認證」，是接受對方、分享想法和喜悅的觸摸方式。搭肩擁抱都屬於這一種。

第二種是「攻擊」的觸摸方式。發怒抓扯、搖晃等未經對方同意的粗暴行徑都是。這種觸摸方式伴隨著不愉快的情緒。

第三種是「有其必要」的觸摸方式，比如在醫院接受醫師觸診。即使被觸摸的是不希望他人觸摸的部位而因此不舒服，但如果認為「有其必要」，雙方就會達成共識。

照護屬於「有其必要的觸摸方式」，但這裡就會發生問題。要接受「因為必要所以會被觸摸」，這個人必須先具備認知功能。如果他意識清楚，就不會有問題。但是如果是失智症者會發生什麼狀況？這表示在照護失智症者時，對方有極高的可能認為「我沒有這個需要，為什麼要被觸摸」「自己被攻擊了」。

儘管失智症患者只是基於需要而被觸摸，但是本人卻不知道這一點。照護者只不過打算執行一般照護作業，被照護者卻經常覺得自己遭受攻擊。而且有時還會被束縛，所以對他來說簡直就是地獄般的體驗。這就是為什麼照護者需要有「觸摸」的技巧。

首先請不要用手指用力抓扯對方，不要只用手指觸摸對方。觸摸的方式不可以讓人感覺有強迫性，或是讓人覺得有攻擊意味，感覺有壓力。

接著從身體最不敏感的部位開始依序觸摸。洗澡時從背部開始，接著是手臂，再移動到腳。從感覺沒有那麼敏銳的部位開始，被照護者會比較願意接受照護。

接下來是經常觸摸的部位。人因為感覺而締結關係之後，不喜歡斷絕這樣的關係，會希望能一直維持。因此，照護時請想成自己是在攀岩，如果放開雙手就會墜落。請努力時刻讓一隻手觸摸著對方。然後關鍵在於大範圍、慢慢地觸摸。

照護人員在照護現場學習到的是講求衛生和效率的動作，不曾學到「不可以抓著患者」等這類為了建立關係所需的觸摸方式。因此，請時時注意建立人際關係的觸摸方式。這種觸摸方式會不斷向對方傳遞一種訊息，「我很喜歡觸摸你，你是我的朋友」。

人性照護法觸摸方式的特徵是絕對不使用蠻力。移動患者的身體不需要使用比十歲小孩的力量還大的力氣。另外，要活動患者手臂等部位時，只需要大約五歲小孩的力氣。慎選觸摸的部位，溫柔、大範圍地觸摸。這就是人性照護法的觸摸。

觸摸帶來自由

照護者工作時最常使用的工具是手。但是在相關課程中，沒有人教過該如何運用這雙手。而且現在的醫療現場中觸診減少，一般多馬上使用電腦斷層掃描或血液檢查，幾乎已經沒有什麼機會用手了解對方的身體。

我曾經打工當過機械工人，一開始是先學打磨機械。因此，我必須學會拿打磨工具並練到習慣順手。同理，照護者也必須學會使用雙手的方法。

例如護理師撫摸患者背部時，必須知道摸哪個部位患者會覺得疼痛。如果照護一直都站在「施予」的立場付出，就無法用手讀取到對方傳來的訊息。反之，學過人性照護法的照護者大約都會這麼說：

「我只要觸摸，就能知道對方是開心還是疼痛。」

患者有時會在照護過程中大叫。但是在大聲喊叫前，其實身體應該已經傳遞出「我很痛！我很痛！」的訊息，而且不下十次，但有些照護者沒能感受到這點。但如果接受過觸摸方式的課程，就可以知道。

儘管日本人除了幼兒時期長大後不太有機會彼此親密接觸，不過大部分的人面對人性照護法的觸摸時卻沒有太多困惑。原因之一，是照護人員都有強烈的義務感。只要告訴他們「這是工作，這種觸摸方式會讓被照護者覺得舒服，是必須的行為」，他們就會理解其中的重要性並認真執行。

另一個原因，我認為是日本人渴望觸摸。事實上，照護者觸摸、溫柔擁抱患者，他們會感到很喜悅，而且我覺得比其他國家的人更有明顯的情緒反應。

發現「可以這樣溫柔地觸摸」也成為一個轉機，讓大家重新檢視過去的照護方法。這會讓照護者感到前所未有的自由。我認為正因為日本人肢體接觸的機會少，所以他們會覺得這些觸摸是莫大的贈禮。

站立是智力的根基

除了「注視、對話、觸摸」這幾個基本支柱，人性照護法重視的第四大支柱是「站立」。小孩剛學會站時，周圍的人都會給予最大的祝福。或許對小孩自己來說，這也是令人感到自豪的瞬間：「我也同樣是人」。毫無疑問，站立是人確立自身的基礎，光憑這一點，讓患者站立就有很重要的意義。

請大家回想人性照護的定義（請參照一三三頁）。照護者照護的是健康有狀況的人。照護這個人不是因為他很美麗，或是對他有好感，而是因為你是專業人員。如果是這樣，你必須詳細理解站立對健康有什麼樣的影響。

站立會影響骨骼、關節、呼吸系統、心臟等心血管系統和皮膚等。

我們先來看讓關節靈活動作需要的軟骨。軟骨有八〇%都是水分。因此，站立時膝蓋軟骨會承受壓力，擠壓出水分。這些水分會流至骨骼。骨骼含有許多養分，也含有水分。壓力減輕時溶在水分中的營養就會被軟骨吸收。這顯示出一種機制，身體能透過承受壓力將營養送達軟骨各部分。因此身體不活動，就會讓軟骨營養不良。想讓營養送達全身關節，我們該怎麼做？答案是站立行走。只需要一點時間，只要走幾步，只要站立行走，就可以讓骨骼和關節承受重量，促進全身運動。

而且，只要躺著四十八小時，韌帶就會僵硬，關節可動範圍會變窄。為了要讓這些部位柔軟，就必須站立、必須步行。那肌肉的情況又是如何呢？超過八十歲的人一個禮拜不動，肌力會下降十五％，而三週不動就會下降四十五％左右。為了維持肌肉，步行顯然是必要的。

我們再回頭看看骨骼。骨骼有一種感應能力，當人承受壓力時，可以捕捉到當下的負重。骨骼會因應這個壓力自我增強。想打造強健的骨骼，需要站立和步行。

另外，長期臥床會使呼吸功能衰退。站立和步行會讓肺容量變大，增強功能。透過這些動作可以降低罹患肺炎的風險。

接著是心血管系統，心臟加壓讓血液在血管內流動，但是靜脈回流不是靠心臟加壓。我們的腳底有許多靜脈網絡，站立和步行就能給這個部位施壓。站立和步行能加壓給腳底的靜脈幫浦，讓血液往上流。而且，藉由足部肌肉的收縮，能讓下肢血液往心臟回流。換句話說，為了促進血液循環，站立和步行不可或缺。

最後，站立也會影響皮膚。患者住院會產生的一大問題，就是褥瘡，這是血液循環停滯所導致。步行能讓血液充分在體內循環流動，所以不會產生褥瘡。

因此我們知道，絕對不可以對患者做的事，就是不讓他們活動和約束他們，也不可以只為了避免患者四處遊走，讓患者服用神經系統藥物。

對人來說，站立步行也是智力的根基。嬰兒會觸摸他們看到的各樣東西。透過這些觸摸來感知當下手和手臂的活動，還有自己在這個空間的位置。站立步行的動作和感覺可以提升智力，學習距離和時間的概念。

對嬰兒來說，肚子痛和母親不在身邊並沒有什麼不同。嬰兒會因為撫摸和笑臉而感覺愉悅，但他們還無法分辨這些和溫熱牛奶的差別。漸漸地，他們學到了距離感，終於知道母親和自己的區別。從了解「自己是站立行走的獨立個體」，再認知到「自己是獨一無二的人」。

在我看來，站立步行是智力的根基。事實上，讓長時間未曾步行的人行走，有可能會出乎意料地開口說話。活動身體、步行是智力的根基，也是身為人的證明。我希望照護者一定要了解這些事。

人在迎接死亡之日前都能站立

問題是，高齡者住院後經常就變得無法步行，造成身體功能的衰退。諷刺的是，這種症狀是因為醫療造成的，是醫源性疾病。

可以步行的高齡者住院後，只要三天到三週的時間就會臥床。我推測因住院而長期臥床的人中有八〇％到九〇％，原本應該不會淪落到長期臥床。

按照我到目前為止的經驗，只要一天能站二十分鐘，就絕對不會變成長期臥床。換句話說，人到死亡之前都能夠維持站立的功能。而且，就算這二十分鐘是一點一滴累積起來的總計時間也沒關係。只要能做到這一點，人就能維持站立的功能迎向生命終點。

我一直堅持為患者擦澡時要讓他們保持站姿是因為，照護者和患者共處的時間裡，有九〇％都是用在擦澡、換尿布和換衣服，只要這些時間都讓患者保持站立，就能充分維持身體的機能。

復健團隊即便再努力，如果患者除了復健以外的日常照護都在床上，復健就毫無意義。即使患者復健時站不到五分鐘，但照護時有可能可以站立四十秒，只要累積這些少少的時間，就不一定需要特地進行復健。

例如，帶患者從房間到距離五十公尺的餐廳時，患者如果可以步行十公尺就讓他步行。如果因為患者無法走完全程，就直接坐輪椅過去，無法改善他的健康。

如果是我，我會先推輪椅過去，放在距離房間十公尺的距離，再輔助患者，請他走到距離房間十公尺的地方坐輪椅。等到用餐結束，再請患者走十公尺，之後再坐輪椅回房間。藉此讓患者至少保有自行步行十公尺的能力，他就不會長期臥床。

從我至今的經驗來說，人原本就能站著生活直到迎向生命終點。就算站立步行時需要靠他人輔助，但只要能這麼做，直到臨終他都不會失去自主性。

如果我們代替本人做他做得到的事，會有害他的健康。洗澡的時候，請對方配合「舉起右手」「把腳抬起來」，這是因為不希望對方失去自主站立的能力。我們的工作不是「清洗」。

我們是把清洗身體當成一種手段，以改善眼前這個人的健康。如果無法改善，至少要維持現狀（請參照一三三頁「照護的三個等級」）。

如果無法做到這一點，有照護者反而對患者的健康極為危險。在人性照護法的哲學中對照護者的定義是，照護者絕不可做出有害患者健康的行為。

喚回人性的連結：什麼是第三次誕生

有位女性因為脊椎壓迫性骨折而接受手術。她在半身麻痺的情況下，在床上躺了超過五年。自住院第二年起她就不再說話，周圍的人已經有三年未曾聽到她的聲音。

大家都一致認為，她已經無法站立，有溝通表達的困難。

在運用人性照護法的技巧照護半年後，她開口說話了，而且完全不記得過去三年不曾說話的事。現在她就像我們一般人一樣口齒清晰流利。雖然還需要協助，但她可以站立和行走。她這麼說：

「我以為我再也無法走路，但我現在重生為人，重生為一個女人。」

我稱這樣的狀態為「第三次誕生」。在第二次誕生時，我們被迎入人類世界，因此被切斷的與人性的連繫，也需要再次重新建立連結。

人是群居動物，透過眼神、對話和觸摸，我們建立關係的連結，使彼此的人生緊密相連。

但因為失智或生病，有人離開或是即將離開這層連結。他們不回應別人的話語，即使眼睛睜開，似乎也看不見一切。他們無法再次自行站立和步行，大概到死都只能躺著吧！他們看來似乎已經脫離人的世界。我們看到這些人會覺得「他們和我們不是生活在同一個世界」。

遠離了人的世界，看起來就不再像和人是同類。我想將高齡者等的弱者，喚回可以像人一樣生活的世界，也就是重新與人性連結。看著他們的眼睛說話、觸摸，請他們站立，這些都是代表「你是人」的證明。

這並不容易，也不是所有人都能回來人的世界。但有很多人都可以再次與人產生連結，再次開口說話。

從原型自我到核心自我，再到自傳式自我

前面曾提到，為了建立人性照護法的哲學，我參考了神經科學家達馬吉歐的模型。我想以達馬吉歐的理論為基礎，進一步說明「第三次誕生」。根據達馬吉歐的論點，人的意識有「原型自我」「核心自我」「自傳式自我」三種。

什麼是「原型自我」？你躺在床上一醒來，就知道自己是「自己」。也就是你有對自己的意識。

你醒來時會收到三種訊息。首先收到的是內臟、血液等身體各部位所傳來的訊息，與此同時，還會收到確認身體位置的訊息，包括手臂是彎曲的、身體橫躺著等。接著耳朵會收到自行車騎過路面的聲音或鳥叫聲等訊息。綜合這些訊息，你得到「這是自己」的感覺。這就稱為「原型自我」。

原型自我會繼續變化為「核心自我」。當外部和我們建立關係，我們會感覺到自己和世界的區隔。然後體內會傳來各種感覺。這就是「核心自我」，是指感知自

己以外的存在，透過和外在的關聯認知自己。

例如，我們意識到別人，意識到的是對這個人的「我的立場」。

然後，將外部訊息轉換成內部訊息，就會成為我們的主要狀態。例如你被溫柔撫摸，自己的狀態會有所改變。原型自我認知到「有隻手在溫柔撫摸我」，大量的訊息進入到意識中，在改變中打造出「自傳式自我」，我們會從過去體驗到的經驗中分析、評價。

某位患有失智症的高齡女性，自三年前開始長期臥床，沒有人看過她說話的樣子。她在於沒有外在世界的狀態。前面提到，外在世界和自己產生呼應時，會產生核心自我。這樣說來，她沒有外在世界也沒有核心自我，完全處於自我封閉的狀態。

男性照服員照護她時，必須採取什麼行動呢？他的任務就是將這名女性從原型自我的狀態移動到核心自我。也就是必須讓她感受外在世界有什麼。但她對自己周遭的空間毫無感覺。

這名女性一直不斷觸摸自己的身體，透過這種方式給予自己訊息。對她來說，從三年前開始，外在世界已經消失了，與自己存在相關的訊息只能由自己提供。

我們必須讓她認識外部的空間。那麼什麼是空間？我們知道空間不是平面，而是3D立體的，我們透過縱向、橫向、高度三條軸線來掌握空間。

這名女性失智症患者雙眼緊閉，完全不看外界。但照服員為了打造第一條軸線而企圖引起她的注意。

一開始，照服員溫柔地對她說：「妳好。」緊接著利用人性照護法的觸摸方式，也就是從指尖輕碰她的肩膀，然後持續用整個手掌觸摸。

跟著進入對方的私人空間。靠近對方的臉，直到距臉二十公分左右的位置。同時用正向的語句和她說話，例如「請看向我，妳好」。這名女性閉起的雙眼微微睜開，這是第一條軸線。男性照服員試圖掌握她閃爍不安的眼神，並調整身體的姿勢，避免對方移開視線。但他總是無法抓住對方的視線，因此決定加入另一位照護者。

用圓規在地圖上定位時，需要畫兩條線。與此相同，增加軸線才能讓對方知道自己的位置。這在心理層面上也有同樣的效果，照服員想利用這個方法讓她轉換到核心自我。

照服員向她介紹自己的護理師同事：「我今天帶了朋友，今天我想和她一起度過快樂的時光。」患者分別看向兩人，於是從她到照服員，以及從她到護理師，畫出了兩條線。她開始知道自己在空間中所在的位置。

結果她的目光比剛才更集中，即使無法清楚說話，但也發出了代表同意的聲音。三年未曾說話的人試圖說話了。

我們從她嘗試收集資訊、開始活動身體可以知道，她的核心自我在外在資訊的刺激下開始活化，轉變為自傳式自我。她想回到這個世界。但是因為臥床時間太長，下巴朝上，頭往後仰，無法保持身體的平衡。原本應該在脊椎上方的頭部大幅後傾，這是人脫離與人的連結時常見的身體變化。

男性照服員從她背後扶住她，試圖支撐她想抬起的上半身。但是這時反而應該不要支撐，因為這會給患者「可以往後靠」的錯誤訊息。

照護者幫被照護者移位時很辛苦，此時反而無意間會對患者的身體機能造成反效果。

例如，人從坐著變換到起身時，首先肩膀會往前傾，接著，雙腳承受重量並起身。雙腳沒有承受重量無法站起，人也不可能在肩膀往後傾的狀態下站立。

但是照護者在幫助患者站立時，會將手從患者腋下穿過用力扶起患者。這樣的狀態下，患者的雙腳沒有完全承受到重量。也就是說照護者讓患者在無法站立的狀態下站立。

我想請各位自己試試看，坐在有椅背的椅子上，貼緊椅背，再嘗試站起。如何？應該無法站立吧。將背靠在椅背時，代表椅子在對身體說：「我撐著你，所以請靠著沒關係。」男性照服員想將患者的上半身撐起，將手放在她背後，但他的手就如同椅背的作用一般，給了她相反的訊息。

在我向照服員說：「請將手從背部移開。」後，患者就自行開始保持上半身的平衡了。

她透過起身、左右轉動頭部，開始仔細看向四周，大腦開始活化。坐起的上半身，成了第三條軸線。至此她回到了３Ｄ世界。雖然她之前像比目魚般在床上生活，但一旦坐起身，她和世界的關係立刻有所轉變。

之後照服員請她坐上輪椅，換由我上場。我請她觸摸我的臉，試圖安撫她。我開始推著她在醫院裡散步，接著我提議「要不要稍微走走看」。我請她向前傾，站起身來，我和另一個人從兩邊輔助，我們的手扶住她的手，但不是抓著她，只是輔助。她腳步不穩，這次是住院後的初次步行。只要稍微試著加快腳步，就會忘記身體的衰弱。我請她看看窗外的風景，感受陽光。然後我問她：「有覺得哪裡不舒服嗎？」她回答：「沒有。」睽違三年，我們終於能聽到她說話的聲音。

對外在空間的認知讓她產生轉變，讓她感受到在這個世界上，「我是主角，我是中心」。上半身坐起，讓她可以用3D視線掌握周遭，雖然她說話有些結結巴巴，但是卻說了許多話。

分別時我和她揮手說「再見」，她也揮手回覆說「再見」，由此可知，她已經和其他人之間產生了連結。她在過去三年長期臥床的期間，失去第二次誕生所獲得的社會性。但是今天再次和照服員連結起人際關係，再次回到我們的世界，這就是第三次誕生。

這天是我和她認識的第一天，並不知道她之後會變成什麼狀況。由於她失智症的程度頗嚴重，當然也不可能再打網球和下棋。

我們的目的在於打造一種條件，讓她至少能藉由連結人性置身於人的世界。此外還有一個重點，結果如何都不是我們的責任。有好的結果固然可喜，但結果不如人意也該順其自然，因為她不是我們的所有物（請參照一二六頁）。

會有什麼樣的結果，都不是照護者決定的，是被照護者自己決定了自身的狀態。我是專業人員，做該做的事，有時一切順利，有時不盡人意，僅此而已。

建立人際關係需要的五個步驟

人性照護法有四大基本支柱，分別是「注視、對話、觸摸、站立」。下面我會說明如何利用這四大支柱與對方建立關係及進行照護。人性照護法的所有照護都是由這五步驟構成的程序所完成。這是為建立人際關係需要的照護程序。從我的經驗來看，只要運用此一技巧，就可以減少患者約九〇%的攻擊行為。

這五個步驟為「①見面前的準備、②照護工作的準備、③連結知覺、④讓情感更堅固、⑤約定下次見面」。

依循這些步驟，首先可以讓對方意識到照護者的存在。失智症患者中，有一些人連自己身在何處都不清楚，而且只要他覺得有陌生人想對他做什麼，就不可避免地會產生被攻擊的感覺。透過這個程序，可以讓對方覺得「我是你的朋友」。這個做法並不一定會帶來期望的結果，但是有報告顯示這可以讓有攻擊性的人平靜，減少使用精神藥物。僅只這樣就極具意義和效果。

第一個步驟是「見面前的準備」。

病房沒有像一般住家大門的電鈴，但是人性照護法中有像按電鈴的行為，這是為了讓對方知道「有人來了」。

這不只是禮貌。當電鈴聲或叩叩的敲門聲響起時，我們腦中就會開始為了和他人見面而預做準備。這個步驟的目的是要刺激這方面的活化。因此敲門有一定規則：叩叩叩敲三下後，等待三秒。

再叩叩敲門，等待三秒，之後再敲一次，再進入病房。這個技巧是要慢慢提升被照護者的清醒度。

當然，如果執行過程中患者已經有回應，就可以進入。如果患者沒有回應，請依照敲三下等三秒、再敲三下等三秒，再敲一下後進入的步驟進行。

若被照護者一直到你進入病房後都沒有反應，這次就在床腳、床頭背板敲三下，藉由這樣的震動讓對方睜開眼睛。患者如果坐在椅子上，就敲三下椅子旁邊的桌子，也可以在椅子的扶手上敲三下。這些敲打聲很重要。大家可能無法相信，但這是照護成功的關鍵要素。

在美國有這樣一個案例。在我指導的機構中，有一位患者拒絕照護，行為粗暴，讓照護人員頭痛不已。她甚至拒絕換衣服。我向負責的照護者說：「請先敲門。」他一臉不以為然，一副做這件事也沒用的態度，還明白告訴我：「你敲門，她也不會理你。」

因此我示範性地敲了門。很快地，從房內傳來回應。照護人員說這名患者具有攻擊性，但應門的女性只看著我，目光柔和，感覺是很好的人。我們進入室內，我發現衣櫥裡有許多衣服。我對她說：「女士，你有好多漂亮的衣服耶，你要不要換一件看看。」她回答：「好啊。」照護者驚訝得目瞪口呆。

大家可能覺得敲門是件小事，但是它能帶來極佳的正向效果。透過敲門，可以讓房內的人認知到「我可以選擇要讓別人進來，或是不要讓別人進來」。

我認為人類和動物一樣有勢力範圍的意識。但是住院或住機構的人沒有屬於自己的空間。我透過敲門的方式，再次為這個人建立起勢力範圍。因此我覺得透過敲門能完全改變人際關係。

一九九六年我們進行了一項調查，發現包括醫師、護理師、家屬、清潔人員等進入病房的一千人中，沒有人會等患者回應後才進入病房，即使有敲門也是立刻進入。

在飯店，工作人員敲了門，在我們回應前絕對不會進來。但是在醫院，一千人就有一千人直接進入。雖然大家不是故意這麼做，但這個行為顯示出他們與病患的力量關係。

這就是為什麼我們必須重新檢視習以為常的照護文化，並且特別訓練。

第二個步驟是「照護工作的準備」。

在這個步驟也有規則和嚴謹的技巧。首先，不要先提起之後要進行的照護，因為重要的是要傳遞「我是來見你」的訊息。

在醫院或照護機構中，工作人員都不是單純來探望患者。他們只會「為了工作而來」，送餐點、擦拭身體，而不是為了看望這個人。

但照護者在「照護工作的準備」步驟時一定要告訴對方「我是來看望你的」。如果被對方從行為舉止看出是「為達到目的採取的手段」，實際上別有企圖和用意，一切就白費了。

在以行動表示「我很喜歡你」的情緒時，我們要發自內心地開心和感覺幸福。意圖單純、完全不求回報的行為非常重要。

人會無意識地做出不求對方回報的行為，比如一邊看電影一邊握著戀人的手。因為喜歡所以握手，沒有其它的意思，只是想握手。但是在醫院和照護機構內，照護者不會做出這樣不求回報的行為。

就好像你邀請我去你家，那麼我為什麼要赴約？為了吃飯？如果是這樣，在我家或餐廳吃就可以了。想去有你在的地方，是因為想和你一起共度時光。

電鈴響起，你來開門。如果一開門我就說：「我們一起開始吃飯吧。」是不是有點奇怪？因為我來訪的目的不是為了吃飯，而是為了見你。

照護時也要這樣做，要先讓對方知道「我是來見你」，不是「為了幫你洗澡而來」。又例如我拜訪你家，我們會先喝點餐前酒聊聊天，接下來才會正式用餐。在病房也是，表明照護的行動前，需要先共度一段時間。

這樣的照護準備時間大約需要二十秒到三分鐘。約九〇%的案例在這個步驟不需要四十秒就可結束。透過這層準備，被照護者因失智症產生的攻擊行為會減少七〇%，並且高度配合。或許有人會認為人性照護法需要花費溝通的時間，所以沒有效率，但其實頂多花四十秒，稱不上冗長。

我來說明一下「照護工作的準備」的技巧。從正面靠近患者，看著他的眼睛，抓住眼神後，在三秒內必須開口說話。

如果只是互相注視卻長時間不說話，會讓對方覺得奇怪。透過談話，眼睛對視就顯得名正言順。

照護準備步驟結束時就要開始聊到照護內容。這時不可以馬上對討厭洗澡的人說：「我們來洗澡吧！」不要說出對方討厭的話題，只說如「睡得好嗎？」「會再來看你喔。」等正面的話語。要在這裡運用人性照護法「注視、對話、觸摸」的技巧。

一邊持續對話，十秒後將手放在對方身體中性的部位（請參照一九三頁），也就是放在一般社交狀況下能觸摸的部位，例如可以觸摸肩膀或手臂。當你覺得照護準備階段結束時，就可以提出照護建議。如果對方討厭洗澡，你可以說：「神清氣爽的感覺很好喔！」「要不要按摩一下。」等。

如果對方拒絕，三分鐘之後對方也不接受照護，就不要勉強，可以延後進行。你可以跟對方說：「那現在先不進行，我之後會再過來喔。」承諾會再次見面。對照護者來說，也需要「放棄照護的能力」。透過放棄照護，讓對方在情緒記憶中留下：「我見到了會尊重我想法的人」。這些事前準備會擴大對方接受的範圍。

第三步驟是「連結知覺」。

這是讓自己傳達的訊息有一致性的技巧。「注視」「對話」「碰觸」都是在傳達「我重視你」。即使溫柔注視、使用正向語彙說話，若工作時不小心用力抓著對方，傳達的訊息就會產生矛盾，沒有一致性。

我們在適當的狀態下傳達有一致性的訊息，負面情緒就不會有機會進入。為了創造出讓患者心情舒適的狀態，並持續維持，不能只憑單一感官透露的訊息，需要兩種以上的感官，並不斷傳遞，例如透過說話和眼神，或是透過觸摸加眼神等。這種融合在人性照護法的實踐中極為重要。

如果只透過一種感官傳遞訊息，患者還是可能出現負面情緒。如果照護過程中患者有情緒爆發，就是在這種情況下。

照護時，利用注視、對話、觸摸傳遞的全部都是正向的訊息，就可以順利執行到最後。自己發出的訊息有一致性，對方收到訊息時就會平靜下來，肌肉也會放鬆。連有攻擊性的人也會開始打呵欠或深呼吸。

第四步驟是「讓感情更堅固」。

接受友人邀約用餐，敲了門，這是「見面準備」。接著打聲招呼，聊起近況，這是「照護準備」。吃了美味的料理，這是「知覺連結」。這時不討論理念不和的政治，總之就是很開心，大家一起度過美好時光。一般狀況下，我們不會就這樣默默回家吧？

回家前，大家會聊聊讓人開心的部分：「今天的餐點真是太棒了，準備了很棒的食材」，互相確認曾有過的美好時光。

失智症會持續惡化，患者的學習主要是透過情緒記憶。對昨天照護過的人說「你好」時，即使我問：「你見過我嗎？」對方也會回答：「我沒見過你。」他並不記得，但是會報以微笑，或露出厭惡的表情。這個人會因為我之前對他做過好事或壞事，在這時呈現不同的反應。

他不知道我是誰，但是記得之前見面時的感覺。

蘿賽特曾幫抗拒淋浴、擦澡、換衣服，會毆打照護者、吐口水，公認極具攻擊性的人進行照護。平常照護她的人說，她用盡各種辦法都被拒絕，沒有人能順利進行照護。但聽說蘿賽特介入後，這名女性卻在最後說了「謝謝」並輕吻蘿賽特。

當然，蘿賽特最後進行了「讓感情更堅固」步驟，從此無論是由誰照護，那位患者都不再擺出攻擊的態度。配合度好得驚人，不但不再討厭洗澡，還會說：「請再幫我洗乾淨一些。」這是因為蘿賽特成功地在她的情緒記憶中留下美好的人際關係和照護經驗。

蘿賽特曾經再拜訪過她。因為失智症嚴重惡化，她並不記得蘿賽特，以為兩人沒見過面。

她洗澡後似乎想噴香水，因此蘿賽特問她：「要噴香水嗎？」她回答：「要，你真是一位溫柔的人。」

在她的記憶中，還殘留著對蘿賽特的印象：「我不記得這個人是誰，但是她很溫柔。」

對高齡失智症患者而言，周圍的人都是惡魔或都是天使，這其中是有差別的。我們想當惡魔還是天使呢？

最後的步驟是「約定下次再見」。

被照護者也許不會記得我們曾說過「我會再來」「下次再見喔」，但是溫柔對待自己的人還會再次到來的喜悅和期望之情，會停留在記憶中。即使不記得約定的內容，但是照護的人一來，他們就會笑逐顏開地迎接。再見的約定，是藉由連結讓人感覺自己存在的重要步驟。

表2　人性照護法的5個步驟

（用同一種程序完成所有的照護）

①見面前的準備 〔傳達來訪〕	進行方法是敲3下門等3秒，再敲3下等3秒，如果沒有反應，敲一下後進入室內。 透過敲門讓房內的人知道「有人要來見自己」，讓他可以選擇是否要讓他人進入。
②照護工作的準備 〔和對方建立關係（成為朋友）〕	不要立刻提到要進行的照護，先傳達「我是來見你」的訊息。正面靠近，眼神交會，抓住對方視線後3秒內開始交談。 只用正向語彙說話，使用「注視、對話、觸摸」的技巧。 3分鐘內未獲得對方同意就先放棄照護。
③連結知覺 〔進行讓人開心的照護〕	照護時，至少要同時運用「注視、對話、觸摸」中兩種以上的技巧，並且持續傳遞出認為對方很重要的訊息。 一邊溫柔說話一邊抓住對方手的行為，會使訊息產生矛盾。照護時，自己發出的訊息必須有一致性。
④讓感情更堅固 〔讓對方的記憶留下照護時愉悅的心情〕	即使是認知功能下降的人，到最後都還是能保有伴隨著情感的記憶。 照護結束後聊聊照護讓人愉悅的地方，或是「可以和你共度時間很愉快」等正面的語句，將照護當成美好的經驗留存在情緒記憶中。
⑤約定下次再見 〔為了方便下次照護的準備〕	高齡失智症患者或許不會記得曾說過「要再見面」，但是溫柔對待自己的人會再次到來的喜悅和期望的心情，會留在記憶中，下次照護時他們就會用笑臉迎接。

人性照護法的目標

正如前面所說，人性照護法是哲學，也是技巧，兩者密不可分。它的哲學和技巧都是將人肯定為人，都是為了找回失去的人性。透過人性照護法的思維，我希望大家都能有一位《魯賓遜漂流記》裡的「星期五」。

大多數的人都聽過《魯賓遜漂流記》吧，描述遇到船難的魯賓遜漂流到無人島，自力更生後回到英國的故事。米歇爾．杜尼耶（Michel Tournier）後來出版了一本法國版的魯賓遜故事《太平洋邊境的星期五》，描述魯賓遜一直在孤獨中生活，完全不在意他人目光，後來變得像動物。但藉由拯救了被捕的星期五，從而找回身為人的自尊心。

這個故事教了我們一件很重要的事。我希望不只是專業照護人員，而是大家都能成為高齡者、身障者、無家可歸者的星期五，成為讓他們變回人的角色。這是人性照護法的目標。

達到這個目標並不需要花費很多成本。注視對方的眼睛、對話、觸摸、協助站立，只需要執行這四項。但儘管如此還是有難度。

因為我們必須擱置心中的恐懼。我們害怕人，我們一直恐懼他人地生活到現在。

「因為會跌倒所以不要跑」「不要做這麼危險的事」「不要和陌生人說話」，我們受到的教育，讓我們出於一些原因禁止自己的行為，對他人保持警戒。因此我們對和自己不同的事物、不認識的人感到恐懼。

為了生存，我們本能地加入能守護自己的家族和團體，認為自己所屬團體以外的人都很危險。但是為了更加安全，愈大的團體愈令人安心。因此不同團體為了彼此能生存下來制定了規則，由此產生了獨特的社會性和文化。

以日本來說，日本整個社會都很「注重和諧」。日本人一邊維持島內的平衡，一邊決定大家共同生活的規則。但正是因為處在尊重和諧的規則中，對人際關係的恐懼才會升到最高點。如果重視和諧，大家就會害怕擾亂和諧的人和事件。

我們很難要求人完全拋去對未知的恐懼，但是實踐人性照護法，可以將恐懼先擱置一旁。因為這是一種技巧。

舉例來說，我說「請擁抱無家可歸的人」，沒有人可以馬上做到。他是不屬於我們團體的人，因此我們會害怕。但是如果學會「這是靠近這個人的方法，這樣做就可以」，我們就能做到。因為透過學會技巧，並且予以實踐，我們能有技巧地拋下對這個人的恐懼，進而靠近。人性照護法是讓人拋開恐懼、確認彼此存在、相互尊重的技巧。

和日本相比，歐洲人或許比較不害怕他人。歐洲有黑人、阿拉伯人等各色人種，大家彼此通婚，有小孩，吵架、戰爭、相愛、相厭，反覆循環。對他人的想法和日本人不同。

日本比起爭吵，更重視和諧，因為要讓大家可以一起住下去。日本人生長在這種環境下，訂出的規則相當嚴格。我認為這是因為日本人擁有比歐洲人更多的恐懼。這沒有所謂好壞，而是因為處在不得不的情況下，因此日本會形成遠比歐洲複雜的人際關係。

但就算有這樣的差別，人活著共同需要的仍然是情感與溫柔。

從我的經驗來說，日本人如果學了人性照護法，會比法國人和美國人做得更好。我覺得這是因為日本人對情感和溫柔有強烈的需求，儘管如此，但社會一直未曾給予充分的回應。因此雖然我只演講人性照護法一小時左右的時間，卻有大半參加的人來向我說：「請抱緊我」「請和我拍照」，甚至有人說：「請輕吻我」。這是我在歐洲未曾見過的景象。他們是因為想體驗演講中聽到的人性的連結，而來到我身旁。

這是為什麼呢？因為他們需要，這讓他們感到安心。人性照護法是一份贈禮，它告訴我們可以坦率地展現自我。

我來到日本後，第一個感受到的詞彙是「害羞」。害羞壓抑代表什麼意思？就是恐懼。害怕向他人表現情感和溫柔，也害怕從他人獲得。

我至今遇到的各國人士中，日本人最害怕人際關係，因此很難與他人往來。人性照護法完全展示出從這種狀態逃脫的方法。正因如此，日本人立刻就理解到「這是解放的哲學」。

我覺得，「生而為人，就是為了接受情感和溫柔，正是人性照護法將其化為可能」。

我希望大家能在自己的人生中充分運用理解到的這些事。

後記

最後，為了讓大家了解人性照護法，我想談談我認為最重要的事。

我認為人生最重要的話語是「NO」。不是「YES」，而是「NO」。

這本書提到人性照護法是溫柔和愛的哲學，是人際關係正向連結的哲學。但是這個哲學卻源自乍看之下是否定意義的「NO」。

蘿賽特和我都透過說「NO」，完成人性照護法一系列的技巧、照護提案和工作組織。

一九八二年開始，我們對讓患者在床上擦澡說「NO」，也對長期臥床說「NO」。

一九八七年開始，我們對約束患者的身體說「NO」。

還對虐待說「NO」。

因此我們也面臨被迫失去工作的恐懼、威脅，以及與醫學界和照護者全體敵對的風險。

日本和法國是完全不同類型的國家。

日本是說「YES」的國家。崇尚和諧，尋求社會共識。來到日本，我對溫柔的人際關係感到驚訝和開心。日本人會開好幾小時會議，對他人不大聲咆哮，避免爭論，說鼓勵他人的話。日本人的有禮是世界楷模，這對法國人是遙不可及的夢。日本是說「YES」的國家。說「YES」帶來良好的人際關係，但同時也帶來另一項特質——維護傳統的特質。

例如祖父傳給父親、父親再傳給兒子的磨刀方法，其中包括怎麼濕潤磨刀石、刀身傾斜的方式、使力的方法和動作，這些都是為了能完美磨出好刀。經由全盤接受的學習，技巧代代傳承。在追求完美的同時，也原原本本地學會基本的技巧，所以動作非常精準。我認為茶道是很好的例子，許多國家都有泡茶的文化，但在日本，這個極致簡單的動作成了藝術。

法國是說「NO」的國家。法國的喜劇演員曾說，法國有多少國民人數就能分裂成多少國家。

為了理解說「NO」的歷史，必須回溯到三千年前。在哲學誕生的古希臘，沒有一位大師擁有絕對的權利。

哲學發展的基礎是「認識自己是智慧的開端」。老師會要求學生提出相反的論點，有時也會把學生當成老師。古代的哲學家誰也不曾獨占哲學，他們認為透過討論和爭論才能接近真實。

地球是平的？不，不是平的。不，是平的。前人一直像這樣持續爭論，彼此意見相左，有時痛罵對方，因此出現不同的哲學，在希臘誕生了民主。

地中海的這種思想深深影響了歐洲各國的知識啟發。創立大學，誕生科學，主張要反對過去深信的事物和傳統。

象徵人類創造性的藝術也多元發展。希臘雕刻是如此美麗，如實地表達出身體之美，慢慢地，被創新、大膽的藝術取代，接連誕生出印象派、立體主義，毫無限制的現代藝術。

這些都是在強制說「YES」的專制君主政權瓦解後誕生。

「我不希望這樣」代表我們是自由的，可以說「不」。有一句話極端說明了「不」所擁有的價值，那就是「我雖然不同意你說的話，但是我捍衛你說話的自由」。

說「不」不是要引起分裂，而是象徵對個性和個人生活的尊重。在這個團體中，大家可以各自表述意見，也可以說相反對立的意見。這呈現了社會的多樣性和豐富性。

為了表達「不」，人就不得不思考。你必須說明表達「不」的原因，你要展現出背後的想法。

正因為如此，蘿賽特和我都會先教小孩說「不」，希望孩子對我們說「不」。雖然孩子必須尊敬父母，但這是為了要讓小孩自己找到自己的路。

當然這些全都必須建立在一個共通的價值觀上。只要這個價值觀是基於愛情、自由、溫柔和正直，對立的「不」會指引我們走向更美好的道路。

一七八九年法國大革命時，民眾起來革命，終結好幾世紀的從屬關係，打倒王權，重新建立共和國，民主誕生。

民主一詞由希臘文的demos（民眾），和kratos（權力和統治）所構成，也就是賦予民眾權力的意思，法國大革命後奇蹟發生了。後來做為世界燈塔的《世界人權宣言》中也使用了這個詞彙。

「人皆生而自由，在尊嚴及權利上均各平等。人各賦有理性良知，誠應和睦相處，情同手足。」

這就是所有人大聲喊出「不」才得以實現的結果。因為我們向絕對王權說「NO」，向生來就取得的不當權利說「NO」，對不正確說「NO」，對無上權力說「NO」。這樣說來，「YES」保存了傳統文化，「NO」則促使了進步。

我想像一個能實現以下事項的世界：

我想實現的世界是，教育我們的孩子絕對不要接受自己不能接受的事。

我想實現的世界是，當孩子問：「爸爸為什麼？」「媽媽為什麼？」，父母不會說「就是這樣」，而是認真說明。

認。

　　我想實現的世界是，父母有智慧開明的精神，當孩子對、父母錯時，父母會承認。

　　我想實現的世界是，人們因為愛而連結，彼此信賴，說「不」成為一種真正的贈禮、真實的贈禮。

　　我想實現的世界是，每個人都是獨一無二的存在，擁有自己的想法，透過共通的價值觀與他人連結。

　　這個世界的人都說「ＹＥＳ」時代表什麼意思？代表這不是從屬關係的「ＹＥＳ」，而是有選擇的「ＹＥＳ」。沒有「ＮＯ」，不會出現有選擇的「ＹＥＳ」。這樣才能第一次實現以信賴彼此連結的世界。

　　因為我知道你有對我說「不」的權利，所以我才能相信你說的話。你可以對我說「不」，是因為你相信我。如果有強制性的「ＹＥＳ」是從恐懼中誕生，尊重的「ＮＯ」就會從自由中誕生。

　　我有一個夢。我想用日本人和法國人彼此的優點和價值創造一個世界。

　　我相信人性照護法將成為通往這個世界的道路。

國家圖書館出版品預行編目 (CIP) 資料

照護的本質：人性照護法創始人對照護的思索及實踐 / 伊凡．傑內斯特 (Yves Gineste), 蘿賽特．馬雷史考特 (Rosette Marescotti), 本田美和子著；黃姿頤譯．-- 再版．-- 新北市：如果出版：大雁出版基地發行，2025.07
面；　公分
譯自：「ユマニチュード」という革命：なぜ、このケアで認知症高齢者と心が通うのか
ISBN 978-626-7752-04-3(平裝)

1.CST: 老人養護 2.CST: 健康照護 3.CST: 失智症

544.85　　114006983

照護的本質——人性照護法創始人對照護的思索及實踐

「ユマニチュード」という革命：なぜ、このケアで認知症高齢者と心が通うのか

作　　者——伊凡・傑內斯特（Yves Gineste）、蘿賽特・馬雷史考特（Rosette Marescotti）、本田美和子（日語監修）
譯　　者——黃姿頤
封面設計——萬勝安
責任編輯——張海靜、李靜宜
行銷業務——王綬晨、邱紹溢、劉文雅
行銷企劃——黃羿潔
副總編輯——張海靜
總 編 輯——王思迅
發 行 人——蘇拾平
出　　版——如果出版
發　　行——大雁出版基地
地　　址——231030 新北市新店區北新路三段 207-3 號 5 樓
電　　話——02-8913-1005
傳　　真——02-8913-1056
讀者傳真服務——02-8913-1056
讀者服務信箱——andbooks@andbooks.com.tw
劃撥帳號——19983379
戶　　名——大雁文化事業股份有限公司
出版日期——2025 年 7 月　再版
定　　價——420 元
I S B N——978-626-7752-04-3

歡迎光臨大雁出版基地官網
www.andbooks.com.tw
訂閱電子報並填寫回函卡

如果